KB266271

뉴노멀생사학교육총서

9

청소년기 우리 아이, 정신건강은 안녕한가요?

정진영 지음

박문사

뉴노멀생사학교육총서 **9**

청소년기 우리 아이, 정신건강은 안녕한가요?

초판인쇄 2026년 04월 17일
초판발행 2026년 04월 24일

지 은 이 정진영
발 행 인 윤석현
책임편집 윤여남
발 행 처 도서출판 박문사
등록번호 제2009-11호
우편주소 서울시 도봉구 우이천로 353
대표전화 (02) 992-3253
전   송 (02) 991-1285
전자우편 bakmunsa@daum.net

ⓒ 정진영, 2026.

ISBN 979-11-7390-046-4 (04200)   정가 12,000원

청소년기 우리 아이, 정신건강은 안녕한가요?

사춘기라는 이름 뒤에 숨겨진 청소년들의 처절한 구조 신호(SOS)를 우리는 얼마나 정확히 읽고 있을까? 본 도서는 정체성 형성의 소용돌이에 놓인 청소년 정신건강의 실체를 입체적으로 분석하였다.
아이들의 '이상 행동'을 '성장통'으로 치환하지 않고, 그 고통의 언어를 해석하여 건강한 심리적 안전망을 구축하려는 모든 이를 위한 필독서이다.

머리말

 "요즘 애들은 참 이해하기 힘들다." 혹은 "나 때는 저러지 않았는데." 기성세대가 청소년을 바라보며 가장 흔히 내뱉는 말이다. 하지만 우리가 '이해할 수 없다'며 고개를 젓는 그 짧은 순간에도, 어떤 아이는 방 안에서 홀로 커터칼을 쥐고 있고, 어떤 아이는 스마트폰 속 화려한 타인의 일상과 자신의 초라한 현실을 비교하며 깊은 자괴감에 빠진다. 우리가 사춘기라는 편리한 단어로 아이들의 변화를 뭉뚱그려 치부하는 동안, 우리 아이들의 마음건강은 전례 없는 적신호를 보내고 있다.

 이 책은 바로 그 지점에서 시작되었다. "청소년기 우리 아이, 정신건강은 안녕한가요?"라는 질문은 단순히 안부를 묻는 인사가 아니다. 그것은 아이들이 온몸으로 내뱉는 비명 섞인 침묵을 외면하지 않겠다는 어른들의 처절한 반성이자 다짐이어야 한다. 10대 사망원인 1위가 셀 수 없이 오랫동안 자살인 나라, 청소년 4명 중 1명이 일상생활을 중단할 정도의 우울감을 경험하는 나라(질병관리청, 2023). 이 수치들은 결코 아이들 개인의 나약함 때문이 아니다. 그것은 뇌과학적 격변기라는 생물학적 취약성 위에, 입시라는 거대한 압력솥과 SNS라는 무한 비교의 굴레, 그리고 젠더 고정관념이라는 사회적 낙인이 겹겹이 쌓아 올린 구조적 비극이다.

본 총서는 이러한 복합적인 위기를 10개의 장으로 나누어 입체적으로 분석하였다. 먼저 1장과 2장에서는 뇌과학적 관점에서 청소년기의 정서적 특성을 이해하고, 최신 통계로 우리 아이들이 처한 냉혹한 현실에 직면한다. 3장과 4장에서는 우울과 불안, 자해라는 구체적인 증상들이 어떤 환경적 요인 속에서 발아하는지 살핀다. 특히 5장에서는 부모와 교사가 놓치기 쉬운 미세한 조기 신호들을 사례를 통해 구체화하여, 골든타임을 놓치지 않도록 돕고자 했다.

더불어 본 원고는 기존의 논의에서 한발 더 나아가 '젠더'와 '시스템'이라는 화두를 던진다. 8장과 9장에서 다룬 젠더 이슈는 성별에 따라 고통의 결이 어떻게 다른지, 그리고 모든 아이가 차별 없이 존중받는 환경이 왜 정신건강의 핵심인지를 강조한다. 마지막으로 10장에서는 학교 안전망인 위(Wee) 프로젝트의 개선 방향과 치료비 바우처 제도 등 국가가 책임져야 할 실질적인 대안을 제언한다.

정신건강은 결코 부끄러운 결함이 아니다. 마음이 아픈 것은 의지의 문제가 아니라, 치료받고 보호받아야 할 권리의 영역이다. 이 책이 독자 여러분에게 아이들의 '이상 행동'을 '도움 요청'으로 번역할 수 있는 사전이 되기를 바란다. 아이들이 자신의 취약함을 드러냈을 때, 비난 대신 "그동안 얼마나 힘들었니"라고 물어봐 줄 수 있는 단 한 명의 '단단한 어른'이 되어

주시길 간절히 소망한다.

아이들의 마음이 안녕해지는 그날까지, 이 책이 작지만 단단한 이정표가 될 것이다. 이제 아이들의 닫힌 문 너머, 그 진심 어린 목소리에 귀를 기울여 보기 바란다.

차례

일러두기

이 저서는 2022년 대한민국 교육부와 한국연구재단의 지원을 받아 수행된 연구임 (NRF-2022S1A6A3A01094924)

제1장
청소년기, 폭풍 속에서 피어나는 정체성

청소년기는 단순한 과도기가 아니라 뇌의 '대대적인 리모델링' 시기다. 감정의 변연계는 일찍 발달하지만, 이를 조절하는 전두엽은 20대 중반에야 완성된다. 이 '발달의 불균형'으로 인해 청소년은 본능적으로 충동적이며 정서적 기복을 겪게 된다. 이는 '반항'이 아닌 독립된 자아를 찾아가는 치열한 '개별화(Individuation)' 과정으로 이해되어야 한다.

경계에 선 존재: 청소년기의 정의와 역사적 부상

청소년기(Adolescence)는 인간의 생애 주기 중 신체적 · 정서적 · 사회적 변화가 가장 급격히 일어나는, 독특한 전환기이다. 그 어원이 라틴어 adōlēscere(성장하다)에서 유래했듯, 본질적으로 '성장'과 '변화'의 과정을 지칭하지만, 현대적 의미의 '청소년' 개념이 사회적으로 명확히 자리 잡은 것은 19세기 말 산업혁명 이후, 학교 교육기간이 확대되고 아동 노동이 제한되면서부터라고 보는 것이 일반적이다(Hall, 1904). 그 이전 전통사회에서는 아동이 일정 연령이 되면 곧바로 성인 노동 인구로 편입되었으나, 산업 · 교통 · 교육 제도가 발달한 현대 사회는 청소년에게 '노동'과 '성인 책임'을 미루는 대신, 학습과 성장에 집중할 수 있는 유예기간을 부여하게 되었다.

에릭슨(Erikson, 1968)은 이를 '심리 · 사회적 유예기간(Psychosocial Moratorium)'으로 개념화하며, 청소년이 직접적인 사회적 책임으로부터는 보호받으면서도, 자신의 정체성을 탐색하고 선택할 수 있는 '실험의 시기'라고 설명한다. 이 기간 동안 청소년은 부모 · 교사 · 동료 · 미디어 등 다양한 중요한 타자를 통해 '나는 누구인가?'라는 실존적 질문에 답을 찾으려 하며, 부모로부터의 심리적 독립을 이루고 자신만의 가치관과 역할을 형성하는 것을 발달 과제로 삼게 된다(안동현 외, 2015).

대한민국의 청소년기본법은 9세에서 24세까지를 "청소년"으로 규정하지만, 발달 심리학적 관점에서는 2차 성징이 본격적으로 시작되는 사춘기(대략 10대 초반)부터, 경제적·심리적 독립이 점진적으로 이루어지는 성인기 초기(20대 초·중반)까지를 청소년기로 보는 경우가 많다. 이 구간은 생물학적 성숙(biological maturity)과 사회·심리적 성인역할(주거·취업·가족 책임)의 시점이 서로 떨어져 있는 시기로서, 청소년은 '아직 성인은 아닌데, 더 이상 어린아이도 아닌' 경계상태에 놓이게 된다.

이러한 '경계에 선 존재'로서의 청소년기는, 단순한 '성장 과도기'를 넘어 사회가 청소년에게 허용하는 '시험대'이자 '위험과 기회가 동시에 공존하는 구간'으로 이해될 수 있다. 오늘날 디지털 환경·학업경쟁·미래의 불확실성이 더해지면서, 청소년은 예전보다 더 다양한 정체성 실험과 자기표현을 시도하지만, 그만큼 부정적 비교, 고립, 과도한 스트레스, 위험 행동에 노출되기 쉬운 시기이기도 하다. 따라서 청소년기의 정의와 역사를 이해하는 것은, 단순한 발달 단계 설명을 넘어서, 청소년이 직면하는 권리·책임·취약성을 함께 고민하는 출발점이 된다.

뇌과학으로 본 '미완의 설계도'

과거에는 청소년의 돌출 행동을 단순히 호르몬의 불균형으로만 설명했다. 그러나 현대 뇌과학은 청소년의 뇌가 '대대적인 공사 중'이라는 사실을 밝혀냈다. 청소년기 뇌의 가장 큰 특징은 감정과 보상을 담당하는 변연계(Limbic System)는 일찍 성숙하는 반면, 이를 조절하고 이성적으로 판단하는 전두엽(Prefrontal Cortex)은 20대 중반까지도 발달이 진행 중이라는 점이다(Steinberg, 2014).

이러한 발달의 시간차는 청소년을 정서적으로 취약하게 만든다. 비유하자면, 강력한 엔진(변연계)을 가졌으나 브레이크(전두엽) 성능이 떨어지는 자동차와 같다. 결과적으로 청소년들은 즉각적인 보상에 민감하고, 위험을 감수하는 행동에 쉽게 노출된다(Mel Levine, 2002). 이는 청소년기의 혼란이 본인의 의지 부족이 아닌, 발달 과정상의 생물학적 필연성임을 시사한다.

[사례 1] "이유 없는 분노가 치밀어요"
: 중학생 A군의 뇌와 감정

중학교 2학년 A군은 최근 사소한 지적에도 참을 수 없는 분노를 느낀다. 부모님이 "공부해라"라는 말 한마디만 해도 심장이 뛰고 문을 쾅 닫고 들어간다. A군은 나중에 후회하면서도 당시에는 왜 그렇게 화가 났는지 설명하지 못한다. A군의 뇌는 현재 공포와 공격성을 담당하는 편도체(Amygdala)가 과도하게 활성화된 상태다. 전두엽이 이를 차분히 억제해 주어야 하지만, 아직 그 연결망이 촘촘하지 못해 감정이 이성을 압도하는 현상이 발생한다(Siegel, 2013). 이는 '반항'이라기보다 '성장통'에 가까운 뇌의 신호다.

자아정체성: '나'라는 세계의 구축

에릭 에릭슨(Erik Erikson)은 청소년기의 핵심 발달 과업을 '자아정체성 대 역할 혼돈(Identity versus Role Confusion)'으로 정의했다. 청소년은 부모 · 교사 · 동료 · 미디어 등 주변에서 제시되는 기대와 자신의 욕구 · 가치 · 꿈 사이에서 끊임없이 갈등을 경험하며, 다양한 역할과 정체성을 시험해 보는 과정을 거친다(Erikson, 1968). 이 과정에서 나타나는 방황 · 실험 · 반복 · 후회는 단순한 혼란이 아니라, 장기적으로 일관된 자아정체성을 형성하고 건강한 성인으로 성장하는 데 필수적인 발달 과정으로 이해된다.

이 시기 청소년들은 어린아이 때처럼 부모의 가치관을 무

비판적으로 수용하던 단계를 넘어, 스스로 '나는 어떤 사람인지', '나는 무엇을 믿는지'를 찾아보려 한다. 이처럼 부모와의 심리적 분리와 독립을 거쳐, 자신만의 생각·가치·정체성을 분리·재구성하는 과정을 심리학에서는 '개별화(individuation)'라고 부른다. 이 과정에서 부모와의 마찰이나 갈등은 청소년이 "나는 나의 부모가 아니다"를 인식하고, 독립된 개체로서 서기 위한 심리적 투쟁의 자연스러운 산물로 볼 수 있다. 그런데 이 탐색과정에서 충분한 지지·이해를 얻지 못하거나, 지나치게 빠른 통합을 요구받거나, 반대로 방치될 경우, 청소년은 "나는 나를 알 수 없고, 어디에 속해 있는지도 모르겠다"는 심각한 정체성 혼란과 소외감에 빠지기 쉬우며, 우울, 무기력, 자존감 저하, 위험 행동으로 이어질 위험이 커진다(Siegel, 2013).

이러한 관점에서, 청소년의 '자아정체성' 형성은 단순히 '자기 성찰' 수준을 넘어, 가족·학교·사회가 청소년의 정체성 탐색을 어떻게 용인하고 지원하느냐에 따라 그 결과가 크게 달라지는 사회·발달 과정이라고 볼 수 있다.

[사례 2] "착한 딸의 가면이 너무 무거워요"
: 고등학생 B양의 정체성 유실

명문대 진학을 목표로 전교 1등을 놓치지 않던 D양은 어느

날 갑자기 등교를 거부했다. "내가 왜 이렇게 살아야 하는지 모르겠다"는 것이 이유였다. 부모의 기대를 자신의 목표로 착각해 온 B양은 뒤늦게 정체성의 혼란을 겪기 시작한 것이다.

이는 제임스 마샤(James Marcia)가 말한 '정체성 유실(Foreclosure)' 상태에서 발생한 위기다. 스스로에 대한 치열한 고민 없이 타인의 가치를 내면화했을 때 나타나는 증상이다. 청소년기에는 '모범생'으로 보일지라도, 내면의 독립적인 자아가 자라지 못하면 성인기에 더 큰 심리적 붕괴를 맞이할 수 있다(안동현 외, 2015).

21세기 청소년기의 특수성: 디지털 환경과 가속화

오늘날의 청소년들은 이전 세대와는 질적으로 다른 환경인 '디지털 정글' 속에서 성장하고 있다. 이들 중 상당수는 소위 '디지털 네이티브(Digital Native)'로, 스마트폰과 인터넷이 일상이 된 첫 세대로 불린다. 이들에게 SNS는 단순한 정보 접근 도구가 아니라, 자기 이미지와 정체성을 구성하고 타인의 평가 속에서 '자기 가치'를 확인받는 가상의 무대이다. 이 무대에서 실시간으로 벌어지는 비교와 평가, 그리고 '소외될지도 모른다'는 공포(Fear of Missing Out, FOMO)는 청소년의 자존감과 정체감에 즉각적이고, 때로는 파괴적인 영향을 미친다(한국청소년정책연구원, 2023). 특히 완벽에 가까운 '가공된 이미지'와 인기·인플루언서 중심의 피드백 구조는 "나는 충분히 매력적·성공적인가?"라는 질문을 자주 반복하게 하며, 자기 비판과 우울·불안 증상의 위험을 높인다.

또한 21세기 청소년기는 '발달의 불일치'가 뚜렷한 시기로 특징지어진다. 신체적으로는 영양 상태 개선과 환경 변화로 2차 성징이 점점 빨라져, 일부의 경우 초등학교 고학년에 이미 사춘기 신체 변화가 시작되는 상황이 증가하고 있다. 반면 사회·경제적으로는 고학력·고경력이 필수화되고, 주거·취업·경제적 자립이 어려워지면서, '성인'으로 인정받거나 스스로 성인 역할을 수행하기 시작하는 시점은 20대 중후반으로 계속 밀려나는 경향이 있다. 이러한 신체적 성숙은 빨라지고 사회적 독립은 늦어지는 '사춘기의 연장' 현상은, 청소년이 '어른이 되었어야 할 나이'에 아직 '아직 어른이 되지 못한 사람'으로 남아 있는 상태를 끌어오며, 장기적인 불안·정서적 고립감·불확실성에 대한 스트레스를 유발하는 핵심 사회적 요인이 된다(WHO, 2021). 이처럼 '디지털 정글'과 '발달의 불일치'가 결합된 21세기 청소년기는, 이전 세대와는 다른 양상의 정신건강 위험과 기회가 교차하는 독특한 시기로 이해될 수 있다.

보호받아야 할 취약함, 그리고 무한한 가능성

청소년기는 신체적·뇌 발달의 급격한 변화, 정서의 불안정, 그리고 부모·사회로부터의 심리적 독립 과정이 동시에 겹치는 '완벽한 폭풍(Perfect Storm)의 시기[1]'로 볼 수 있다. 이 시기 청소년의 뇌는 특히 전두엽(충동 조절·계획·위험 평가 담당 영역)이 후기까지 발달 중이라, 감정이 격해지고 충동적 행동을 보이기 쉽지만, 동시에 새로운 정보와 경험을 빠르게 학습하는 고도로 가소성(가변성)이 큰 단계이기도 하다. 이러한 신경·정서적 특성은 우연히 나타나는 이상한 행동이 아니라, 발달 중인 뇌와 정체성 탐색이 맞물려 나타나는 자연스러운 과정으로 이해해야 한다.

그러나 이런 행동과 정서적 기복을 "중 2병"이나 "철없는 투정"으로 치부할 경우, 청소년이 겪는 혼란과 고통은 단순한 장난이나 버릇으로 간주되거나 방치되기 쉽다. 청소년기의 뇌 구조와 정서적·정체성 발달 과업을 이해하는 것은, 그들이 겪는 분노·불안·자존감 저하가 '단순한 나쁜 아이들'의 문제라기보다는, 성장 과정에서 예상되는 발달적 고통이라는 점을 인정하는 첫 걸음이 된다. 이 인식을 바탕으로, 청소년을

---

1) 완벽한 폭풍(Perfect Storm)은 여러 위험 요인이 동시에 겹쳐 극도로 위험한 상황을 만드는 비유적 표현이다.

단순히 '통제해야 할 대상'이 아니라 '보호와 지원이 필요한 취약한 존재이자 무한한 가능성을 품은 성장 주체'로 보고, 그에 맞는 기대·경계·정서적 지지를 동시에 제공하는 것이 필요하다.

참고문헌

Hall, G. S. 1904. Adolescence: Its psychology and its relations to physiology, anthropology, sociology, sex, crime, religion and education. D. Appleton & Company.

Erikson, E. H. 1968. Identity: Youth and Crisis. New York: Norton.

안동현, 김봉석, 두정일, 박태원, 반건호, 신민섭 외. 2015. 아동청소년 정신의학. 서울, 학지사.

Steinberg, L. 2014. Age of Opportunity: Lessons from the New Science of Adolescence. Eamon Dolan/Houghton Mifflin Harcourt.

Siegel, D. J. 2013. Brainstorm: The Power and Purpose of the Teenage Brain. TarcherPerigee.

한국청소년정책연구원. 2023. 청소년 통계 리포트: 디지털 환경과 심리 건강.

WHO. 2021. Adolescent Mental Health: Global Health Estimates. WHO 공식 팩트시트

제2장
숫자가 말하는 아이들의 비명

코로나19 팬데믹 이후 청소년의 스트레스 인지율(42.3%)과 우울감 경험률(27.7%)은 역대 최고 수준으로 악화되었다. 특히 여학생의 우울감(30.9%)이 남학생보다 현저히 높으며, 최근 5년간 10대 자해 진료 인원은 2배 가까이 급증했다. 학교 밖 청소년이나 다문화 가정 등 사각지대 아이들의 위기는 일반 학생보다 훨씬 가파른 우상향 곡선을 그리고 있다.

청소년기는 앞서 1장에서 살펴본 바와 같이 생물학적·심리학적 격변기이다. 이러한 변화의 소용돌이 속에서 현대 한국의 청소년들은 세계 어느 나라보다도 가혹한 경쟁 환경에 놓여 있다. 본 장에서는 국내외 최신 통계와 공신력 있는 지표를 통해 현재 우리 청소년들의 정신건강이 처한 객관적 현실을 낱낱이 파악해 보고자 한다.

팬데믹 전후의 심리 지표 변화: 'V자형' 악화의 양상

한국 청소년의 정신건강 궤적은 코로나19 팬데믹을 기점으로 유의미한 변화를 보였다. 질병관리청의 청소년건강행태조사에 따르면, 청소년의 우울감 경험률과 스트레스 인지율은 팬데믹 초기였던 2020년에 일시적으로 하락하는 양상을 보였다. 이는 등교 제한으로 인해 역설적으로 학교 내 대인관계 갈등과 학업 경쟁 압박이 줄어든 '일시적 완화' 현상으로 해석된다(질병관리청, 2026). 그러나 대면 수업이 완전히 재개된 2022년 이후, 지표는 팬데믹 이전 수준을 상회하며 급격히 악화되었다. 2019년 39.9%였던 스트레스 인지율은 2024년 기준 42.3%로 상승하며 역대 최고치를 기록했다. 이는 사회적 격리 기간 동안 상실된 '사회적 기술'의 부재와 급격한

환경 변화가 청소년들에게 더 큰 심리적 부하를 주었음을 시
사한다.

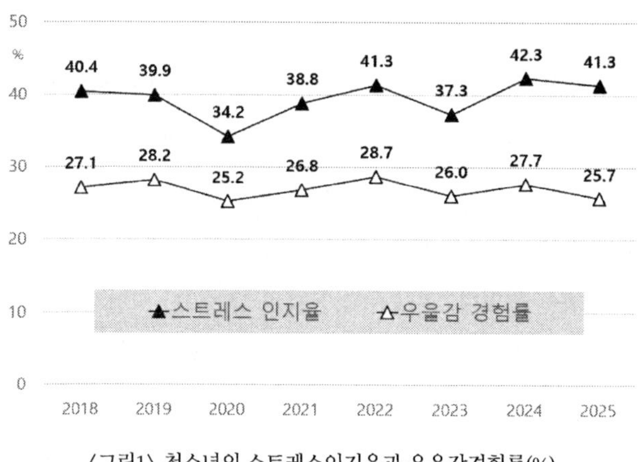

〈그림1〉 청소년의 스트레스인지율과 우울감경험률(%)
※ 자료원: 질병관리청. 청소년건강행태조사

성별에 따른 위기의 편차

정신건강 위기는 모든 청소년에게 평등하게 찾아오지 않
았다. 통계는 특히 '여학생'의 취약성을 극명하게 보여준다.
2025년 통계에 따르면 여학생의 우울감 경험률은 약 29.9%
로, 남학생(21.7%)보다 약 8%p 가량 높게 나타났다. 스트레

스 인지율 역시 여학생은 절반에 가까운 50.3%가 '매우 많이 또는 상당히 느낀다'고 응답하여 남학생(32.9%)과 큰 격차를 보였다(질병관리청, 2026).

또한 중학생과 고등학생을 비교했을 때, 남학생은 학년별 차이가 관찰되지 않았다. 반면, 여학생은 학년이 높아질수록 스트레스 인지율도 함께 높아지는 양상이 관찰되었다. 2025년 통계에 따르면, 중1때 43.2%이던 여학생의 스트레스 인지율은 중2때 크게 높아져 50%를 넘겼으며 고3이 되면서 55.1%로 정점을 찍었다. 우울감 경험률 또한 중2가 되면서 크게 높아지는 양상이 스트레스 인지율과 동일했다.

이는 여학생들이 관계적 갈등과 외모 만족도 등 외부 자극을 내부로 수렴(Internalizing)하여 우울로 표출하는 경향이 강함을 뒷받침한다(여성가족부, 2023). 코로나 시기 이후 우울감 경험률의 성별 격차는 소폭이지만 감소하고 있어 다행이다. 하지만 코로나 시기 줄어들었던 스트레스 인지율의 성별 격차는 팬데믹 이후 다시 벌어지고 있어 여학생의 정신건강에 적신호가 켜졌음을 인식해야 한다. 특히 중2 여학생에게 관심을 가지고 주목해야 한다.

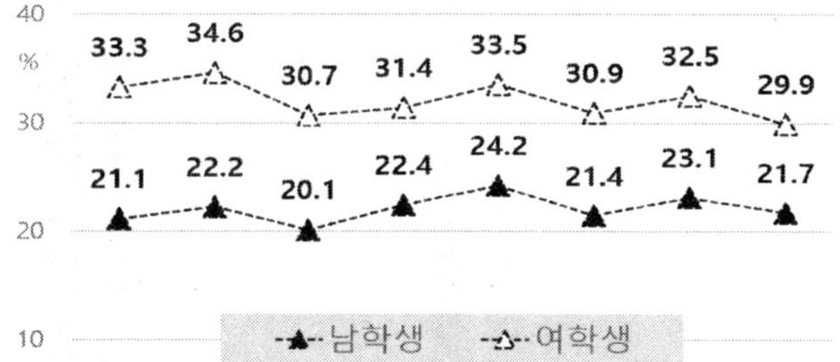

〈그림2〉 청소년의 성별에 따른 우울감경험률(%)
※ 자료원: 질병관리청. 청소년건강행태조사

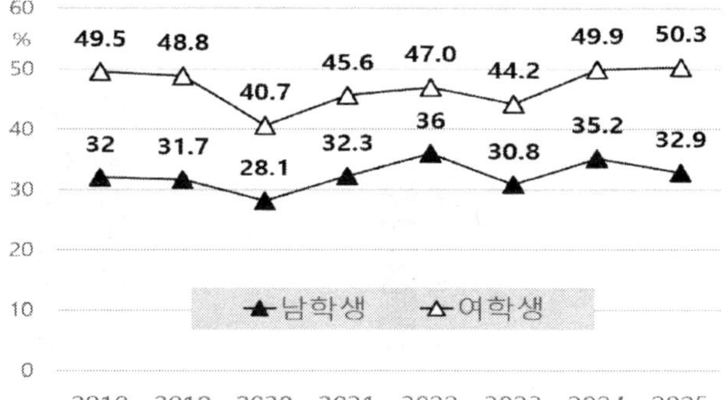

〈그림3〉 청소년의 성별에 따른 스트레스 인지율(%)
※ 자료원: 질병관리청. 청소년건강행태조사

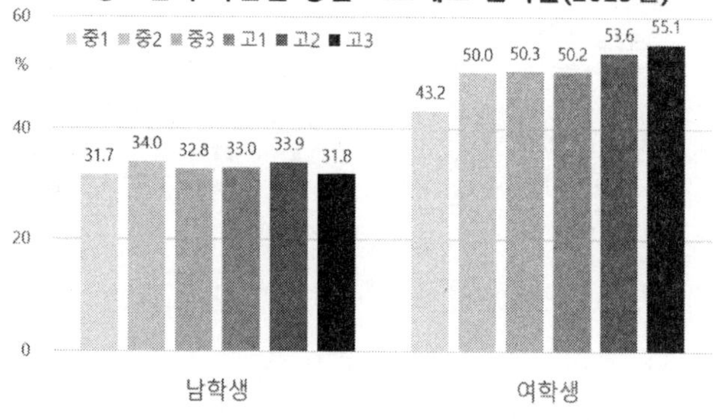

〈그림4〉 청소년의 학년별, 성별 스트레스 인지율(%)

※ 자료원: 질병관리청. 청소년건강행태조사

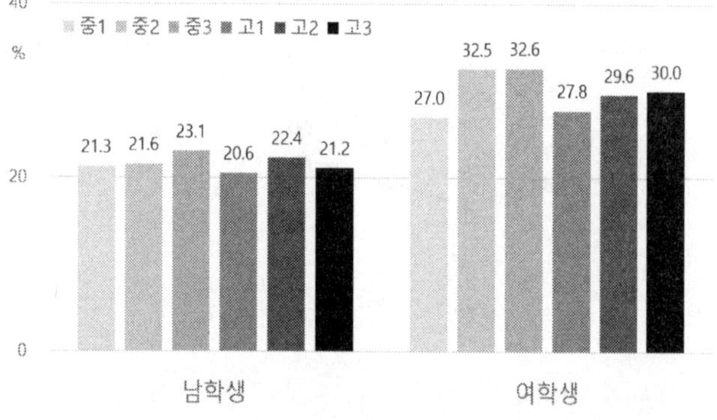

〈그림5〉 청소년의 학년별, 성별 우울감 경험률(%)

※ 자료원: 질병관리청. 청소년건강행태조사

자해 및 자살: 수면 위로 드러난 처절한 외침

정신건강의 위기가 극단적으로 표출되는 형태가 바로 자살과 자해이다. 대한민국은 OECD 국가 중 자살률 1위라는 오명을 안고 있으며, 그중에서도 10대 사망 원인 1위는 10년 이상 '자살'이 차지하고 있다. 통계청 사망원인통계에 따르면, 2024년 기준 10대 초반과 후반의 인구 10만 명당 자살률은 각각 3.5명과 12.6명이었으며, 이는 10년 전인 2015년 대비 약 3배와 2배 가까이 급증한 것이다.

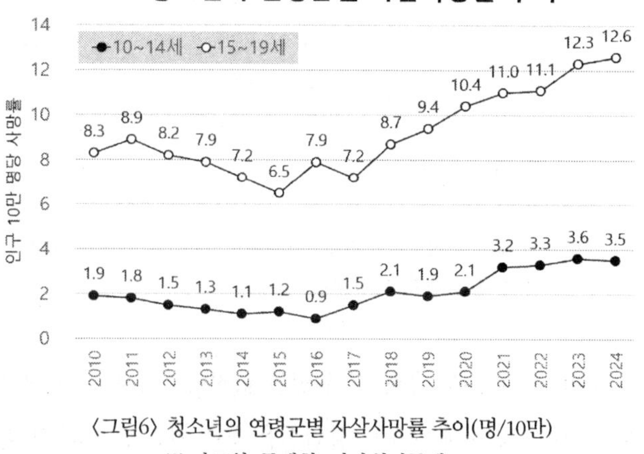

〈그림6〉 청소년의 연령군별 자살사망률 추이(명/10만)

※ 자료원: 통계청. 사망원인통계

　자살사망률 규모를 전체 사망률과 비교하면 더욱 심각한 상황임을 알 수 있다. 2024년 기준, 10대 후반 청소년의 자살사망은 총사망의 54%로, 전체 청소년 사망자의 절반 이상이 자살로 죽음을 맞이했다는 것이다. 이를 성별로 비교하면, 남자 청소년은 47.2%, 여자 청소년은 62.8%로 여자 청소년의 자살사망자 비율이 더 높았다.

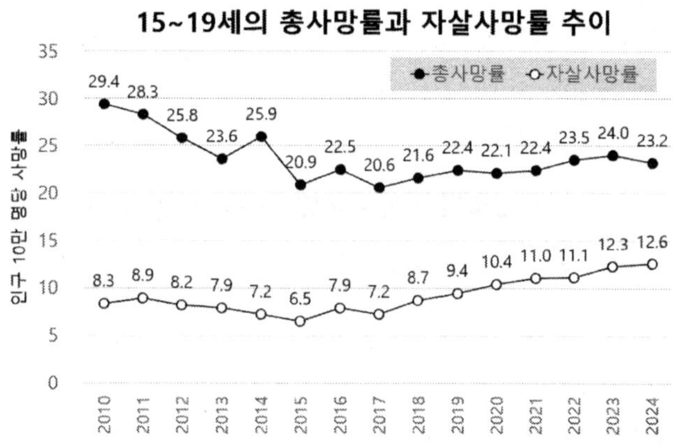

〈그림7〉 10대 후반 청소년의 전체사망률과 자살사망률 추이(명/10만)
※자료원: 통계청. 사망원인통계

　또한 2024 손상 유형 및 원인통계(질병관리청) 보고서를 보면, 자살 및 자해 시도로 응급실을 찾은 인원 중 10대의 비중이 전 연령대에서 가장 높은 상승 폭을 기록하고 있다. 특히 응급실 내원자 중 여학생의 비율이 압도적으로 높다는 점은, 이들이 겪는 심리적 고통이 더 이상 개인의 기질적 문제를 넘어 젠더 특수적인 사회적 압박과 결합해 있음을 보여주는 강력한 증거다.

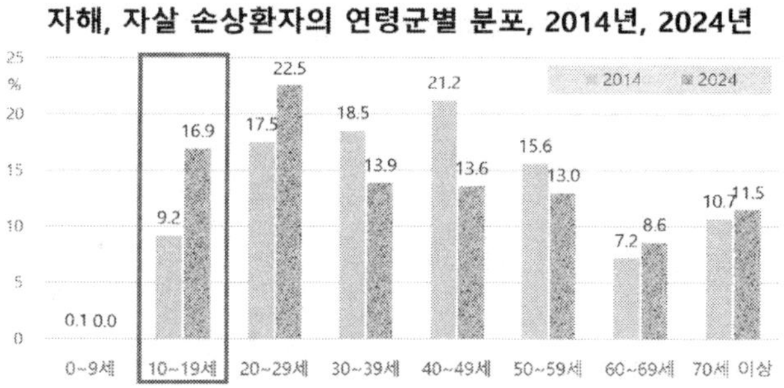

자해, 자살 손상환자의 연령군별 분포, 2014년, 2024년

〈그림8〉 응급실 내원 자해·자살 환자의 연령군별 분포
※자료원: 질병관리청. 응급실손상환자심층조사

디지털 네이티브의 그림자
: 스마트폰 과의존과 정신건강의 상관관계

현대 청소년 정신건강을 논할 때 스마트폰은 더 이상 단순한 기기가 아닌 '확장된 자아'의 일부로 기능한다. 과학기술정보통신부의 2024 스마트폰 과의존 실태조사에 따르면, 청소

년(10~19세)의 42.6%가 스마트폰 사용 조절 능력이 저하된 '과의존 위험군'에 해당하며, 이는 성인(22.4%)에 비해 약 1.9 배 높은 수준이다. 이러한 디지털 집착은 단순한 시간 낭비를 넘어 심각한 정신건강 위기와 직결된다.

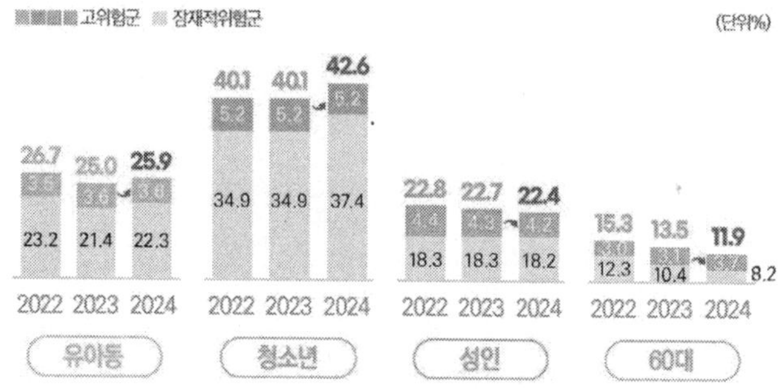

〈그림9〉 연령군별 스마트폰 과의존 위험군 현황
※ 자료원: 과학기술정보통신부. 스마트폰 과의존 실태조사

비교의 지옥, SNS와 자존감의 하락

청소년기 정체성 형성 과정에서 SNS는 타인과 자신을 비교하는 주된 장이 된다. 특히 인스타그램, 틱톡 등 비주얼 중심의 플랫폼은 '편집된 타인의 일상'과 '나의 초라한 현실'을 끊임없이 대조하게 만든다. 한국청소년정책연구원(2023)의 연구에 따르면, SNS 이용 시간이 길수록 자신의 신체 이미지

에 대한 불만족도가 높았으며, 이는 곧 우울감과 섭식 장애로 이어지는 경향이 뚜렷했다. 특히 여학생의 경우 타인의 '좋아요' 수나 댓글 반응에 자존감이 민감하게 연동되는 양상을 보였다.

수면 결핍과 정서 조절 능력의 저하

심야 시간까지 이어지는 스마트폰 사용은 생체 리듬을 파괴하여 정신건강을 악화시키는 '도미노 현상'을 일으킨다. 스마트폰의 블루라이트는 멜라토닌 분비를 억제하여 수면의 질을 급격히 떨어뜨리는데, 수면 부족은 뇌의 감정 조절 중추인 전두엽 기능을 약화시킨다. 충분한 잠을 자지 못한 청소년은 사소한 자극에도 공격적으로 반응하거나 무기력증에 빠지기 쉬우며, 이는 앞서 언급한 스트레스 인지율 상승의 숨은 원인이 된다.

사이버 불링(Cyberbullying)[2]과 관계적 불안

스마트폰은 괴롭힘의 장소를 학교 밖으로까지 확장시켰다. 24시간 연결된 모바일 환경은 피해 청소년에게 '탈출구 없는 고립감'에 빠지게 한다. 단체 채팅방에서의 배제(방폭, 카

---

2) 사이버 블링(Cyberbullying)은 디지털 공간(소셜미디어, 메신저, 온라인 게임 등)에서 이루어지는 의도적인 괴롭힘 · 모욕 · 협박 행위를 말한다.

톡 감옥 등)는 청소년기 가장 중요한 지지 기반인 또래 관계를 파괴하며, 이는 대인공포증이나 공황장애와 같은 심각한 심리적 외상(Trauma)으로 남기도 한다.

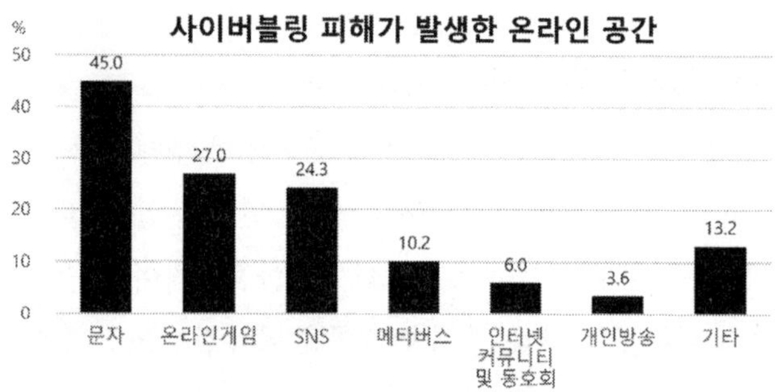

〈그림10〉 사이버블링 피해가 발생한 온라인 공간
※ 자료원: 한국청소년정책연구원
디지털 유해환경과 청소년 위험행동 실태 연구

통계의 사각지대: 소외된 청소년들의 소리 없는 비명

일반적인 학생 집단을 대상으로 한 조사와 달리, 제도권 밖이나 특수한 환경에 처한 청소년들은 훨씬 가혹한 정신건강 위기에 직면해 있다. 이들은 사회적 낙인과 자원 부족으로 인해 고통을 내면화하거나 극단적인 방식으로 표출할 위험이 크다.

학교 밖 청소년: 울타리를 잃은 고립감

학교를 그만둔 청소년들은 소속감의 상실과 미래에 대한 불확실성으로 인해 일반 학생보다 높은 수준의 우울과 불안을 경험한다. 여성가족부의 2023 학교 밖 청소년 실태조사에 따르면, 이들의 우울 지수는 일반 학생과 유사한 수준이었으나, '죽고 싶다는 생각을 해본 적이 있다'고 응답한 비율은 22.7%에 달해 일반 학생 14.3%에 비해 월등히 높은 수준이었다. 학교라는 일차적 보호망이 사라지면서 발생하는 정서적 고립은 이들을 약물 오남용이나 비행의 위험으로 내모는 결정적 요인이 된다(여성가족부, 2023).

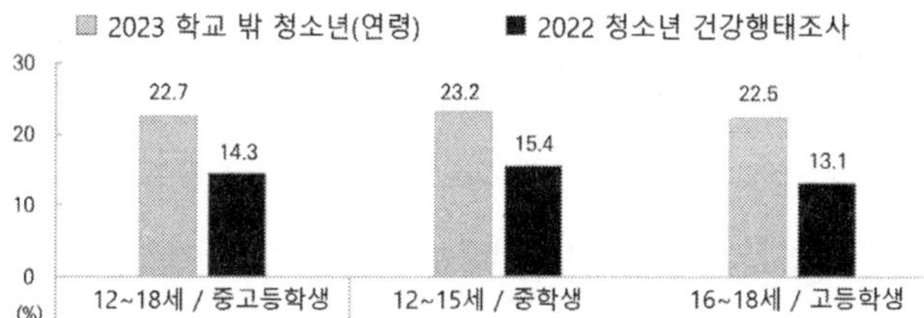

〈그림11〉 학교 밖 청소년의 자살생각률 (%)
※ 자료원: 여성가족부, 한국청소년정책연구원
2023 학교 밖 청소년 실태조사

다문화 및 중도 입국 청소년: 정체성의 혼란과 차별

다문화 가정 청소년들은 문화적 이질감과 언어 장벽, 그리고 은밀하게 존재하는 인종적 차별 속에서 성장한다. 특히 외국에서 태어나 중도에 입국한 청소년의 경우, 한국 사회 적응 과정에서 심각한 '정체성 위기'를 겪는다. 이들은 가정 내에서도 부모와의 원활한 소통이 어려워 심리적 지지 기반이 취약하며, 이는 대인기피증이나 선택적 함구증 등 정서 발달의 저해로 이어지는 경우가 빈번하다(질병관리청, 2023).

은둔형 외톨이(고립 · 은둔 청소년)3): 사라진 아이들

최근 급증하고 있는 '은둔형 외톨이' 청소년은 가장 심각한 사각지대 중 하나다. 학업 실패, 학교 폭력, 가정 내 불화 등을 계기로 방 안으로 숨어버린 이들은 사회적 관계가 완전히 단절된 상태다. 이들은 스스로 도움을 요청하기 어려워 통계에조차 잡히지 않는 경우가 많으며, 장기간의 은둔은 만성 우울증과 조현병적 증상으로 악화될 위험이 매우 높다(여성가족부, 2025).

---

3) 은둔형 외톨이(고립, 은둔 청소년)는 방에 틀어박혀 사회적 관계를 끊고, 학교 · 가족 외부 활용을 3개월 이상 지속하지 않는 청소년으로 정의된다. 일본의 히키코모리와 동일한 개념이다.
　- 고립(isolation)은 어려운 일이 있을 때 도움을 요청할 수 있는지지 체계(가족 외)가 없는 상태이며, 은둔(reclusion)은 집이나 특정 공간에 머무르며 사회적 활동을 거의 하지 않고 타인과 의미 있는 교류를 하지 않는 상태. 은둔은 고립의 더 심화된 상태로 볼 수 있다.

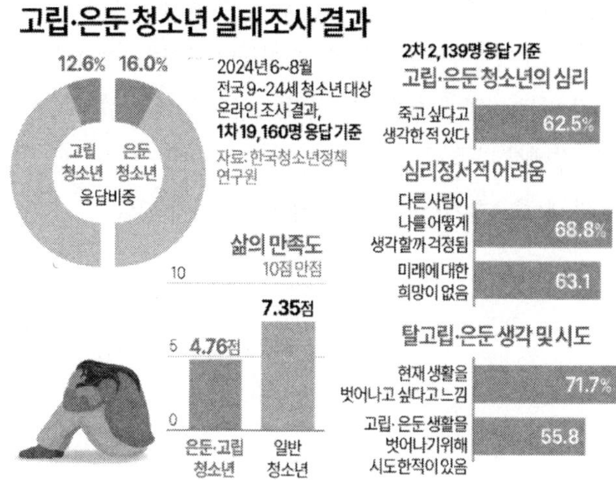

〈그림12〉 고립 · 은둔 청소년 실태조사 결과(연합뉴스, 2025.3.25.)

우리 사회의 '마음 방역' 점검

위의 지표들은 한국 청소년들이 개인의 기질적 취약성을 넘어, '사회 구조적 압박'에 의해 정신적 한계치에 다다랐음을 경고하고 있다. 입시 위주의 교육 체계, 촘촘하게 연결되었으나 오히려 더 외로워진 디지털 환경, 그리고 성별에 따른 고착화된 스트레스 양상은 더 이상 개인의 노력만으로 해결될 수 없는 영역이다.

우리는 이제 "요즘 애들은 멘탈이 약해"라는 비난 섞인 시선을 거두어야 한다. 대신, 이 수치들이 외치는 "살려달라"는 소리 없는 비명에 집중해야 한다. 2장의 통계적 현실은 이어질 3장에서 다룰 구체적인 질환(우울, 불안)과 8장의 젠더 이슈가 왜 중요한지를 설명하는 강력한 근거가 된다.

참고문헌

질병관리청. 2026. 제22차 청소년건강행태조사 통계집.
여성가족부. 2023. 2023 청소년 통계.
통계청. 사망원인통계
과학기술정보통신부, 한국지능정보사회정보원. 2025. 2024 스마트폰 과의존 실태조사 보고서.
질병관리청. 2025. 2024 손상 유형 및 원인통계
한국청소년정책연구원. 2023. 디지털 유해환경과 청소년 위험행동 실태 조사.
여성가족부·한국청소년정책연구원. 2023. 2023 학교 밖 청소년 실태조사 보고서.
질병관리청. 2023. 다문화 청소년의 건강행태 및 정신건강 실태 분석 보고서.
여성가족부, 한국청소년정책연구원. 2025. 2024 고립·은둔 청소년 실태조사
연합뉴스. 2025.3.25. 일상 복귀 꿈꿨지만... 고립·은둔 청소년 40%, 다시 세상과 단절(종합).
URL:https://www.yna.co.kr/view/AKR20250325075851530

제3장
가면 뒤에 숨겨진 슬픔과 상처

청소년 우울증은 슬픔 대신 짜증과 공격성으로 나타나는 '가면 우울증'의 형태를 띤다. 또한, 자해는 죽기 위함이 아니라 견딜 수 없는 심리적 고통을 물리적 통증으로 잊으려는 처절한 '정서 조절 전략'이다. 이들이 보내는 갑작스러운 평온함이나 물건 정리 등의 신호는 벼랑 끝에서 보내는 마지막 구조 신호(SOS)임을 명심해야 한다.

보이지 않는 슬픔

: 감정조설의 미숙과 신체화 증상(Somatization)[4]

청소년기 정신건강 위기가 성인과 가장 차별화되는 지점은 고통이 '마음'에 머물지 않고 '몸'과 '행동'으로 전이된다는 점이다. 이는 감정 언어가 발달하지 못한 상태에서 겪는 생물학적·심리적 과부하의 결과다(안동현 외, 2015).

감정 언어의 부재와 감정조절의 미숙

청소년들은 자신이 느끼는 복합적인 감정(예: 수치심, 거절감, 소외감)을 정교한 언어로 표현하는 데 서툴다. 전두엽의 미성숙으로 인해 감정의 파고를 이성적으로 다스리는 '상위 인지 능력'이 부족하기 때문이다. 이들은 "슬프다"는 표현 대신 "짜증 난다"거나 "아무것도 하기 싫다"는 단어로 모든 정서적 고충을 뭉뚱그려 표현하곤 한다. 이러한 감정 조절의 실패는 외부로 향할 때는 '공격성'으로, 내부로 향할 때는 '신체적 통증'으로 나타난다.

---

4) 신체화증상(Somatization): 스트레스, 불안, 우울 등 심리적 요인으로 인해 실제적인 신체적 통증이나 기능 이상을 겪는 정신 건강 상태.

[사례] "학교만 가려면 배가 아파요"

: 중학생 A양의 신체화 증상

중학교 1학년 A양은 매일 아침 등교 직전 극심한 복통과 구토 증상을 보였다. 부모는 처음엔 꾀병이라고 생각했지만, 아이가 실제로 식은땀을 흘리며 실신할 지경에 이르자 소화기 내과를 찾았다. 그러나 각종 정밀 검사 결과 위장 기능에는 아무런 이상이 없었다.

A양의 복통은 전형적인 신체화 증상(Somatization)이다. 상담 결과, A양은 최근 단짝 친구와의 관계가 소원해지며 극도의 불안감을 느끼고 있었다. 하지만 "친구에게 버림받을까 봐 두렵다"는 심리적 고통을 직면하고 표현하는 대신, 뇌는 그 스트레스 신호를 '신체적 통증'으로 변환하여 표출한 것이다(미국정신의학회[APA], 2022). 마음 대신 몸이 울어주는 셈이다.

신체화 증상의 메커니즘: 뇌와 신체의 연결

우리 뇌의 시상하부는 스트레스를 받으면 자율신경계를 활성화해 신체 반응을 일으킨다. 청소년기에는 정서 조절 중추가 예민하여 작은 심리적 자극에도 두통, 어지러움, 호흡 곤란, 근육통 등을 유발한다. 이러한 신체 증상은 단순히 심리적인 착각이 아니라, 실제로 신경계와 내분비계가 반응하여 나타나는 '실재하는 통증'이다(Siegel, 2013).

[사례] "원인 모를 두통에 시달리는 모범생 B군"

고등학교 2학년 B군은 시험 기간만 되면 약으로도 해결되지 않는 만성 두통에 시달렸다. 병원에서는 '긴장성 두통'이라는 진단을 내렸지만, 증상은 호전되지 않았다.

B군은 완벽주의적 성향을 가진 모범생으로, "성적이 떨어지면 내 가치도 사라질 것"이라는 압박감을 느끼고 있었다. B군에게 두통은 과도한 학업적 긴장으로부터 자신을 보호하기 위한 무의식적 방어 기제였다. 두통이 발생함으로써 잠시나마 책상을 떠날 '정당한 이유'를 얻게 된 것이다. 이는 청소년이 자신의 심리적 한계를 신체라는 출구를 통해 알리는 신호로 해석되어야 한다(안동현 외, 2015).

미래에 대한 압도적 공포: 불안장애의 역습

청소년기는 평가와 경쟁이 일상화된 시기다. 이 과정에서 발생하는 불안은 적당할 경우 동기부여가 되지만, 통제 범위를 넘어서면 '병리적 불안'으로 변모한다.

사회불안장애(Social Anxiety Disorder)

타인의 시선에 극도로 예민해지는 시기인 만큼, 발표나 새로운 관계 맺기에 심각한 공포를 느끼며 등교 거부로 이어지기도 한다.

공황장애와 신체적 마비

최근 입시 압박이 심한 고등학생들 사이에서 숨이 가쁘고 심장이 터질 것 같은 공황 발작을 호소하는 사례가 급증하고 있다. 이는 자신의 미래가 불투명하다는 '실존적 불안'이 신체적 공포로 전이된 결과다(보건복지부, 2023).

[사례] 발표수업 직전 숨이 막히는 고등학생 C양

평소 조용한 성격의 C양은 국어 수행평가 발표를 앞두고 갑자기 심장이 터질 듯이 뛰며 숨을 쉬기 힘든 상태가 되었다. 손발이 차가워지고 눈앞이 흐릿해지며 "이대로 죽을지도 모른다"는 극심한 공포를 느꼈다. 이후 C양은 학교에 가는 것조차 두려워하게 되었다.

C양은 전형적인 공황 발작(Panic Attack)과 사회불안장애를 겪고 있다. 완벽주의적 성향이 강한 청소년일수록 타인의 시선을 '심판'으로 인식하며, 뇌의 편도체가 과도하게 반응하여 실제 생명의 위협이 없는 상황에서도 비상벨을 울리는 것이다(미국정신의학회[APA], 2022).

언어 없는 소통: 자해의 심리적 기제

자해(non-suicidal self-harm)는 죽기 위한 행동이 아니라, 역설적으로 '살기 위한 처절한 몸부림'인 경우가 많다(한국청소년상담복지개발원, 2023). 청소년들은 왜 자신의 몸에 상처를 내는가?

정서 조절의 수단

참을 수 없는 심리적 고통이나 공허함을 물리적 통증으로 치환함으로써 일시적인 안도감을 느낀다. 뇌과학적으로 자해 시 분비되는 엔도르핀이 일시적으로 고통을 마비시키는 효과를 주어 '자해 중독'으로 이어지기도 한다(Steinberg, 2014).

환경에 대한 항의

말로 표현해도 들어주지 않는 세상에 자신의 고통을 가시화하여 보여주는 강력한 '비언어적 소통' 수단이 되기도 한다.

[사례] 커터 칼을 가방에 넣고 다니는 중학생 D군

D군은 부모님의 부부싸움이 심해질 때마다 화장실에 들어가 자신의 팔목을 긁는다. 피가 흐르는 것을 보면 이상하게도 마음이 차분해지고, 머릿속을 괴롭히던 부모님의 고함 소리

가 들리지 않는 것 같다고 말한다. D군에게 자해는 유일한 '진
정제'였다.

D군의 자해는 '정서적 조절(affect regulation)' 기제로 작
동하고 있다. 심리적 고통이 언어화되지 못하고 임계치를 넘
었을 때, 뇌는 물리적 통증을 유발하여 엔도르핀을 분비시키
고 일시적인 마비 효과를 준다(Steinberg, 2014). 이는 고통을
견디기 위한 처절한 시도이지만, 내성이 생겨 점점 더 강한 자
극을 찾게 되는 중독적 특성을 갖는다.

벼랑 끝의 선택: 자살 위기와 경고 신호

자살은 우울과 불안, 자해가 복합적으로 작용하여 발생하
는 최악의 결과다. 청소년 자살은 계획적이기보다 충동적인
경우가 많으며, 반드시 사전에 주변에 '구조 신호(Warning
Signs)'를 보낸다. 이를 감지하는 것이 생명을 살리는 핵심이
다(보건복지부, 2023).

사고의 경직성

위기 상황에서 청소년의 뇌는 '터널 시야(Tunnel Vision)'
현상을 겪는다. 지금의 고통이 영원히 끝나지 않을 것이라는

착각에 빠져, 죽음만이 유일한 해결책이라고 믿게 되는 심리
적 오류다.

행동적 징후

아끼던 물건을 나누어 주거나, "나 없어도 잘 지내"와 같은
직접적인 언급, 갑작스러운 평온함 등은 심각한 자살 위기 신
호이므로 즉각적인 개입이 필요하다.

[사례] 갑자기 밝아진 모범생 E군

오랫동안 우울증을 앓으며 무기력했던 E군이 어느 날 갑자
기 평소보다 밝은 표정으로 등교했다. 친구들에게 소중히 아
끼던 게임기를 선물하고, 선생님께 "그동안 감사했습니다"라
는 인사를 남겼다. 주변 사람들은 "이제 우울증이 나았나 보
다"라며 안심했다. 그러나 그날 밤 E군은 극단적인 선택을 시
도했다.

이는 자살 결심 직전에 나타나는 가장 위험한 신호 중 하나
인 '가짜 평온기'이다. 죽음을 결심한 뒤 고민이 끝났다는 안
도감이 역설적으로 밝은 표정으로 나타나거나, 주변을 정리
하는 행동(물건 나눔, 작별 인사)으로 표출되는 것이다. 우울
하던 아이가 갑자기 평화로워 보일 때는 세심한 관찰과 즉각
적인 개입이 필요하다(안동현 외, 2015).

자해의 굴레를 끊는 상담적 접근
: 감정 조절과 대안 기술

자해를 멈추게 하는 핵심은 자해라는 '수단'을 억압하는 것이 아니라, 자해가 제공하던 '정서적 안도감'을 대체할 건강한 방법을 학습시키는 데 있다. 임상 현장에서 가장 효과적으로 사용되는 기법은 변증법적 행동치료(DBT: Dialectical Behavior Therapy)에 기반한 기술 훈련이다(한국청소년상담복지개발원, 2023).

감정의 파도를 타는 '마음챙김(Mindfulness)'

자해 충동은 순식간에 차오르는 파도와 같다. 상담자는 청소년에게 자신의 감정을 '판단'하지 않고 있는 그대로 '관찰'하도록 돕는다. "지금 내 마음속에 분노라는 파도가 아주 높게 치고 있구나"라고 언어화하는 것만으로도 감정의 압도감을 줄일 수 있다(Linehan, 2014).

고통 감내 기술: 자해의 감각적 대안

강렬한 신체적 자극을 원하는 자해 충동이 들 때, 몸을 손상하지 않으면서도 유사한 감각적 전환을 주는 기술을 적용한다.

- **얼음 쥐기:** 아주 차가운 얼음을 손에 쥐어 감각적 자극을 분 산시킨다.
- **고무줄 튕기기:** 손목에 고무줄을 차고 가볍게 튕겨 순간적인 통증 자극으로 주의를 돌린다.
- **격렬한 신체 활동:** 팔굽혀펴기나 전력 질주를 통해 뇌의 보 상 체계를 신체적 피로로 전환한다.

[사례] 자해 중독에서 벗어나 고등학생 F양의 감정일기

F양은 학업 스트레스가 극에 달할 때마다 커터칼로 팔을 긋는 습관이 있었다. 부모님께 들킨 후 "다시는 안 하겠다"고 약속했지만, 충동은 멈추지 않았다.

상담자는 F양에게 자해를 '나쁜 짓'으로 규정하며 비난하는 대신, 자해 직전의 감정을 기록하는 '감정 온도계' 작성을 제 안했다. 감정 온도가 80도를 넘어서면 즉시 얼음주머니를 목 뒤에 대는 훈련을 병행했다. 또한, 자해하고 싶은 순간에 친구 나 상담사에게 "지금 힘들다"는 문자 한 통을 보내는 '도움 요 청 기술'을 연습했다.

상담을 통해 F양은 물리적 통증이 아닌 '연결감'을 통해 감 정을 다스리는 법을 익혔다. 자해 횟수는 점진적으로 줄어들 었으며, 나중에는 "칼을 들기 전에 내 마음을 먼저 들여다볼 여유가 생겼다"고 고백했다.

환경적 지지: 부모와 교사의 비심판적 태도

자해 상담의 성패는 주변 성인들의 태도에 달려 있다. 자해 흔적을 발견했을 때 경악하거나 화를 내는 것은 청소년에게 수치심을 주어 자해를 더 음성화시킨다. "네가 얼마나 힘들었으면 이런 선택을 했겠니"라는 비심판적 수용(Non-judgmental Acceptance)이 상담의 시작이자 끝이다(안동현 외, 2015).

맺음말: 고통의 언어를 해석하는 사회

우울, 불안, 자해는 개별적인 질환이라기보다 청소년이 겪는 거대한 심리적 위기의 서로 다른 얼굴들이다. 이들이 보내는 짜증과 상처, 눈물은 단순한 '중2병'이 아니라 전문가의 도움이 시급하다는 SOS 신호다. 우리는 이들의 행동을 '교정'하려 하기보다, 그 밑에 숨겨진 '고통의 언어'를 해석하려는 노력을 멈추지 말아야 한다.

참고문헌

안동현, 김봉석, 두정일, 박태원, 반건호, 신민섭 외. 2015. 아동청소년 정신의학. 학지사.

미국정신의학회(APA). 2022. 정신질환 진단 및 통계 매뉴얼(DSM-5-TR). 신체증상 및 관련 장애 섹션.

Siegel, D. J. 2013. Brainstorm: The Power and Purpose of the Teenage Brain. TarcherPerigee.

보건복지부. 2023. 2023년 소아·청소년 정신건강 실태조사

한국청소년상담복지개발원. 2023. 자해 청소년 상담 개입 매뉴얼: 상담자와 보호자를 위한 가이드.

Steinberg, L. (2014). Age of Opportunity: Lessons from the New Science of Adolescence. Eamon Dolan/Houghton Mifflin Harcourt.

보건복지부, 한국생명존중희망재단. 2023. 2023 자살예방백서

Linehan, M. M. 2014. DBT Skills Training Manual. Guilford Publications.

제4장
아이들을 버랑 끝으로 내모는 것들

아이를 둘러싼 세 가지 축이 마음을 압박한다. 가정에서의 심리적 통제, 학교에서의 서열화된 경쟁과 관계적 공격성, 그리고 SNS를 통한 상시적 비교가 그것이다. 특히 "정신과는 수치"라는 사회적 낙인은 조기 치료를 가로막는 가장 큰 벽이다.

청소년의 정신건강은 진공 상태에서 결정되지 않는다. 앞서 살펴본 뇌과학적 취약성은 그들을 둘러싼 환경적 스트레스원(Stressors)과 만날 때 비로소 병리적인 증상으로 발현된다. 본 장에서는 청소년을 둘러싼 세 가지 핵심 환경인 가정, 학교, 그리고 디지털 사회가 그들의 마음에 어떤 흔적을 남기는지 고찰한다.

첫 번째 울타리: 가정환경과 양육태도

심리적 통제

가정은 청소년에게 가장 강력한 보호 요인이자, 때로는 가장 치명적인 위험 요인이 된다. 최근 연구들은 부모의 가혹한 체벌보다 더 위험한 것이 '심리적 통제(Psychological Control)'라고 지적한다(안동현 외, 2015). 부모가 자녀의 생각과 감정을 조절하려 하거나, 성적이 나쁠 때 애정을 철회(Love Withdrawal)하는 태도는 청소년에게 '나는 성과를 내야만 사랑받을 가치가 있다'는 왜곡된 가치관을 심어준다. 이러한 심리적 통제는 우울·불안뿐 아니라 SNS 중독 경향성까지 높이는 요인으로도 보고된다.

심리적 통제의 기제는 비교적 단순하다. 부모가 '너는 왜

○○처럼 못하니?'라는 비교, '그런 생각을 하면 나쁜 아이야'
라는 도덕적 압박, '시험 못 보면 엄마도 힘들어'와 같은 죄책
감 유발을 반복할수록, 아이는 자신의 내적 경험보다 부모의
기대를 우선시하게 된다. 그 결과, 자기 감정에 대한 민감한
인식(정서 인식 능력)은 떨어지고, 타인의 평가에 대한 과민
함(거부 민감성)은 높아진다. 이는 또래관계 · SNS 속에서도
'버림받지 않기 위해 과하게 맞추는 아이', '사소한 댓글 하나
에 무너지는 아이'를 만든다.

과잉 간섭과 완벽주의의 독성

부모가 자녀의 성취를 자신의 자존감과 동일시할 때, 청소
년은 부모의 기대를 충족하지 못할까 봐 끊임없는 불안에 시
달린다. 이는 '조건부 자기 존중감'을 형성하여, 실패 시 극단
적인 자기 비하나 우울로 이어지기 쉽다. 최근 국내 조사에서
도 많은 청소년이 "부모님의 지나친 간섭"과 "대학입시 · 취업
에 대한 부담"을 일상적 스트레스 요인으로 꼽았다. 부모가
"나는 너의 성적이 아니라 너 자체가 중요하다"는 메시지를
말로만이 아니라 일관된 행동으로 보여주는 것이 완충 요인
으로 작용한다.

[사례1] '트로피 자녀' 증후군

중학교 시절 내내 전교 상위권을 유지하던 G양은 고등학교 진학 후 첫 시험에서 평균이 조금 떨어지자 극심한 자책감에 빠졌다. 부모님은 비난하지 않았지만, 실망한 기색을 내비치며 대화를 피했다. G양은 이를 "나의 가치가 사라졌다"고 해석했고, 이후 완벽해야 한다는 강박과 우울증이 겹쳐 거식증 증세를 보이기 시작했다.

[사례2] '성적=존재 가치'로 학습된 H군

중학교 3년 내내 전 과목 A를 받던 H군은 고등학교에서 처음으로 수학 B를 받았다. 담임교사는 "충분히 잘했다"고 말했지만, 부모는 "이러다 SKY 못 간다"며 모의고사 성적표를 한참 동안 바라보며 한숨을 쉬었다. 그날 이후 H군은 스스로를 "망가진 상품"처럼 느끼기 시작했고, 성적이 떨어질수록 자해 상상과 극단적 선택에 대한 사고가 잦아졌다. 학교 상담실 내원 당시, 그는 "사람이 아니라 성적표 같다"고 표현했다.

방임과 정서적 유기

맞벌이 가정의 증가나 가정불화로 인해 정서적 지지 기반이 무너진 경우, 청소년은 외부(또래, SNS 등)에서 보상을 찾으려 하며 이는 중독이나 비행의 단초가 된다. 국내 자살·자해 관련 연구에서도 가족관계의 불안정과 정서적 소외가 주요 위험 요인으로 반복해서 확인된다. 부모의 갈등이 상시적으로 노출되거나, 양육자가 자신의 우울·분노를 조절하지 못해 아이에게 감정 쓰레기통처럼 쏟아낼 때, 아이는 안전기지(safe base)를 잃고 "집보다 밖이 더 편한" 상태로 밀려난다.

[사례] 부모의 잦은 다툼을 목격하며 자란 I군은 집안의 긴장감을 완화하기 위해 '착한 아이' 역할을 자처했으나, 내면에는 억눌린 분노와 무기력증이 쌓여 중학교 진학 후 등교 거부 증상을 보였다.

거대한 압력솥: 학교의 경쟁구조와 또래 관계

대한민국의 학교는 배움의 터전인 동시에, 청소년들에게 가장 큰 스트레스를 주는 공간이다. 2023년 통계에 따르면 청소년 스트레스 원인 1위는 단연 '학업 문제(47.5%)'였다(여성가족부, 2023). 특히 최근 통계에서 청소년의 상당수가 스스로를 "정신적으로 건강하지 않다"고 느끼는 비율이 소폭 증가했다는 점은, 학업·입시 중심 환경이 단순한 부담을 넘어 정서적 건강을 잠식하고 있음을 시사한다.

학업 스트레스와 학업적 소진

서열화된 교육 시스템 안에서 청소년들은 자신의 가치를 '성적'이라는 단일 지표로 평가받는다. 2023년 통계에 따르면 청소년 스트레스 원인 1위는 단연 '학업 문제(47.5%)'였다(여성가족부, 2023). 성적이 곧 생존권이라는 압박은 만성적인 불안을 유발한다. 만성적인 학업 스트레스는 스트레스 호르몬인 코르티솔(Cortisol) 수치를 지속적으로 높인다. 이는 기억을 담당하는 해마의 위축을 가져오고, 오히려 학습 효율을 떨어뜨리며 감정 조절력을 약화시킨다. 공부를 잘하기 위해 받는 스트레스가 역설적으로 공부할 수 없는 뇌 구조를 만드는 셈이다.

여기에 사교육과 방과 후 학습이 더해지면서 "쉬는 시간=학원 가는 시간"이 된 청소년들도 많다. 최근 통계에서 초 · 중 · 고등학생의 약 80%가 사교육을 받고 있으며, 상당수가 평일 정규 수업 외에 하루 3시간 이상을 추가로 공부한다고 답했다. 이는 신체 활동 · 수면 · 취미 활동에 할당될 시간을 잠식해, 회복 · 재충전의 기회를 원천적으로 줄이는 구조다.

또래 관계의 명암

청소년기에는 부모보다 또래의 인정이 훨씬 중요하다. 교내외 집단 따돌림(왕따)이나 관계적 소외는 성인기의 트라우

마보다 더 깊은 심리적 상흔을 남긴다. 특히 최근에는 신체적 폭력보다 '은근한 배제(은따)'나 '언어적 폭력'이 정신건강에 더 심각한 영향을 미치고 있다(한국청소년정책연구원, 2023). 물리적 폭력보다 더 교묘하고 치명적인 것이 소문 유포, 의도적 배제, 무시와 같은 관계적 공격성이다. 국내 연구에서도 가족·또래 관계 스트레스, 낮은 자아존중감이 청소년 자살 생각의 주요 변인으로 반복 확인된다. 한국청소년정책연구원(2023)의 조사에 따르면, 관계적 공격성을 경험한 청소년은 신체적 폭력 피해자보다 자살 생각 및 자해 시도율이 유의미하게 높았다. 이는 '소속감'이 생존과 직결된 청소년기에 집단 내 소외가 정서적 사형선고와 같기 때문이다.

교사의 역할

또래 간 폭력과 따돌림을 줄이기 위해서는 교사의 민감한 개입이 중요하다. 그러나 과밀학급, 행정업무 과중 등으로 인해 교사가 '관찰자'에서 '동료 피해자'로 전락하는 경우도 적지 않다. 청소년 자살 관련 국가 보고서에서도, 위기 신호를 발견했음에도 학교·지역사회 지원 체계로 연결되지 못한 사례가 반복 보고된다. "아이의 마음을 보는 눈"을 교사에게 요구하는 것만으로는 충분하지 않으며, 학교 차원의 전문 인력(상담교사, 정신건강 전문요원)과 연계 시스템이 병행되어야 한다.

무한경쟁의 확장: 디지털 환경과 SNS

21세기 청소년의 정신건강을 결정짓는 가장 새로운 변수는 디지털 환경이다. 스마트폰은 학교의 경쟁 시스템을 일상 전체로 확장시켰다. 관계 스트레스와 일상적 스트레스가 SNS 중독 경향성과 유의하게 연결된다는 연구들도 계속 축적되고 있다. 동시에, 부모-자녀 의사소통이 원활하고 아이의 자기통제력이 높을수록 SNS 중독 위험이 낮아진다는 연구는, 디지털 환경 역시 가정·개인 요인과 얽혀 있음을 보여준다.

상시 비교와 FOMO(소외 공포)

SNS 속 화려한 타인의 삶은 자신의 평범한 일상을 '실패한 것'으로 느끼게 만든다. '나만 뒤처지고 있다'는 공포(Fear Of Missing Out)는 청소년들을 끊임없는 접속 상태로 몰아넣으며 뇌의 휴식을 방해한다(Steinberg, 2014). 영국 공중보건학회(RSPH)의 연구에 따르면, 인스타그램은 청소년의 신체 불만족과 수면 장애를 유발하는 주범으로 분석된다. 다른 연구에서는 SNS 사용 시간이 길수록 우울·불안 등 정신건강 문제와 연관성이 높아진다고 보고한다.

[사례] 숏폼 중독과 '팝콘 브레인'

고등학생 J군은 매일 밤 틱톡과 유튜브 쇼츠를 보느라 새벽 3시가 넘어서야 잠든다. 15~30초 단위의 강렬한 자극에 길들여진 J군은 학교 수업 시간의 느린 호흡을 견디지 못하고 극도의 지루함과 짜증을 느낀다. 이는 뇌의 보상 회로가 강한 자극에만 반응하게 된 현상으로, 일상의 소소한 행복을 느끼지 못하는 우울감으로 이어진다.

사이버불링의 치명성

현실 세계의 폭력은 집으로 돌아오면 피할 수 있었으나, 사이버 공간의 폭력은 24시간 내내 피해자의 주머니 속(스마트폰)까지 따라온다. 이러한 가시성 없는 폭력은 피해 청소년에게 '지구상에 안전한 곳은 없다'는 극단적인 고립감을 선사한다(Steinberg, 2014). 온라인상에서의 집단 괴롭힘은 "지워지지 않는 기록"과 "무한한 관중"이라는 특성을 지니므로, 피해자의 수치심과 공포는 오프라인 폭력보다 더 오래, 더 넓게 지속된다.

침묵을 강요하는 벽: 사회적 편견과 낙인

정신건강 문제에 대한 사회적 편견과 낙인은 고통받는 청소년들이 적기에 도움을 받지 못하게 만드는 가장 큰 장벽이다. 우리 사회에는 여전히 정신과 치료를 '의지의 문제'나 '가문의 수치'로 보는 시각이 존재한다(보건복지부, 2023). 국가 보고서에서도, 자살·자해 위험이 높은 청소년일수록 실제로 전문 서비스를 이용하는 비율은 매우 낮으며, 도움 요청 대신 또래나 인터넷 커뮤니티에만 의존하는 경향이 보고된다.

기록에 대한 공포와 오해

"상담 기록이 남으면 대학 입시나 취업에 불이익이 있다"는 근거 없는 두려움은 보호자들이 자녀의 치료를 주저하게 만든다. 이러한 낙인은 청소년 본인에게도 내면화되어, 자신이 '비정상'이라는 자책감을 느끼게 하고 고립을 심화시킨다.

[사례] 치료 시기를 놓친 K군의 부모님

고등학생 K군은 극심한 우울증으로 자해를 반복했지만, 부모님은 "기록에 남으면 아이 앞길 막힌다"며 병원 방문을 완강히 거부했다. 대신 기도로 해결하거나 의지를 강조하는 훈계만 반복했다. 결국 K군은 상태가 악화되어 극단적 시도를 한 뒤에야 응급실을 통해 폐쇄 병동에 입원하게 되었다. 초기에 약물치료와 상담을 병행했다면 막을 수 있었던 비극이었다.

낙인의 내면화

청소년들은 사회적 편견을 그대로 흡수한다. "내가 정신과에 다닌다는 걸 친구들이 알면 나를 괴물처럼 보겠지?"라는 공포는 아이들이 마스크 뒤로 자신의 고통을 숨기게 만들며, 이는 결국 치료의 골든타임을 놓치게 하는 결정적 원인이 된다. 청소년 자살 연구들은, 자살이 여러 요인의 복합적 결과이며, 그중에서도 "지지 체계의 부재"가 위험을 크게 높인다고 반복해서 지적한다. 정신건강 서비스 이용을 '문제의 표시'가 아니라 '돌봄의 시작'으로 재프레이밍하는 사회적 움직임이 절실하다.

맺음말: 환경의 복합적 상호작용

결국 청소년 정신건강은 가정의 지지, 학교의 안정성, 디지털 문해력, 그리고 사회적 포용성이 어우러진 결과물이다. 어느 한 요인만으로 문제를 해결할 수 없다. 동시에, 어느 한 영역이 무너져도 다른 영역이 보호 요인으로 작동할 수 있다. 예를 들어, 가족 내 갈등이 심해도 학교와 지역사회에서 안정적인 관계망이 제공된다면, 자살·자해 위험은 크게 낮아질 수 있다. 아이의 마음을 지키기 위해서는 부모의 인식 변화와 더

불어 학교와 지역사회가 정신건강 문제를 '숨겨야 할 부끄러
움'이 아닌 '당연히 돌봐야 할 권리'로 인식하는 포용적 문화가
전제되어야 한다.

참고문헌

안동현, 김봉석, 두정일, 박태원, 반건호, 신민섭 외. 2015. 아동청소
년 정신의학. 학지사.
여성가족부. 2023. 2023 청소년 통계.
한국청소년정책연구원. 2023. 아동·청소년의 사회적 고립 실태 및
대응 방안 연구
Steinberg, L. 2014. Age of Opportunity: Lessons from the New
Science of Adolescence. Eamon Dolan/Houghton
Mifflin Harcourt.
보건복지부. 2023. 2023년 소아·청소년 정신건강 실태조사 결과
보고.

제5장
놓치지 말아야 할 마음이 보내는 SOS

갑작스러운 식습관 변화, 즐거워하던 일에 대한 흥미 상실 (쾌락 불감증), 이유 없는 복통이나 두통 등은 전형적인 위험 신호이다. 부모는 아이의 성적이 올라도 그 이면에 '실패에 대한 공포'가 없는지 살펴야 한다. 객관적 확인을 위해 PHQ-9(우울증 선별도구) 같은 자가진단 도구 활용이 권장된다.

아이의 마음속에 폭풍이 몰아칠 때, 아이들은 "나 지금 너무 우울해요"라고 말하는 대신 평소와는 다른 '이상한 행동'을 하기 시작한다. 이 신호들은 아주 미세해서 마치 사춘기 아이의 예민함처럼 보이기도 하지만, 사실은 마음이 무너지기 전 보내는 마지막 구조 신호이다. 아이의 마음은 스트레스-취약성 모형처럼 작동한다. 원래 약한 부분(취약성)에 환경 스트레스가 쌓이면, 뇌가 버티지 못하고 SOS를 보낸다. 부모가 이 신호를 "사춘기 탓"으로 치부하면, 작은 폭풍이 태풍으로 커질 수 있다. 중요한 것은 "평소와 다르다"는 느낌이 들 때, 무조건 "왜 그래?"라고 물어보는 것이다. 아이는 대답하지 않아도, 관심을 느꼈다는 사실만으로 안도할 수 있다.

이 장에서는 부모와 교사가 무심코 지나치기 쉬운 아이의 마음의 경고 신호들을 이론적 근거와 구체적인 사례를 통해 살펴본다.

"무엇을 해도 즐겁지 않아요": 즐거움의 실종

우울증의 가장 첫 번째 신호는 슬픔이 아니라 '즐거움의 실종'이다. 전문 용어로 '쾌락 불감증(Anhedonia)'이라고 하는데, 쉽게 말해 뇌에서 즐거움을 느끼게 해주는 스위치가 꺼진 상태를 말한다. 우리 뇌에는 기분 좋은 일을 할 때 '보상'을 주는 회로가 있다. 그런데 스트레스가 너무 심해지면 이 회로가 고장 나버린다. 도파민이라는 뇌 화학물질이 줄어들어, 게임·음악·친구 만남 같은 모든 즐거움이 '맛없는 음식'처럼 느껴진다. 부모가 알아차리는 법은 간단하다: "요즘 뭐가 제일 재미있어?"라고 물었을 때 "모르겠어요"나 "없어요"라는 대답이 나오면 주의 신호다.

[사례] 축구공을 내려놓은 L군

중학생 L군은 소문난 축구 마니아였다. 그런데 어느 날부터 점심시간에 공을 차러 나가지 않고 책상에 엎드려만 있었다. 선생님이 "몸이 어디 아프니?"라고 물어도 "아니요, 그냥 축구가 재미없어졌어요"라고만 답했다. 부모님은 '이제 공부에 집중하려나 보다'라고 생각했지만, 사실 L군은 마음의 에너지가 바닥나서 그 어떤 즐거움도 느끼지 못하는 상태였다. 이는 전형적인 초기 우울 신호였다.

"몸이 마음 대신 울고 있어요": 원인 모를 통증

아이들은 마음의 고통을 언어로 표현하는 데 서툴다. 그래서 뇌는 심리적 스트레스를 '신체적 통증'으로 바꾸어 내보내는데, 이를 '신체화 증상'이라고 부른다. 마음이 너무 힘들면 우리 몸의 자율신경계가 비상벨을 울린다. 이때 배가 아프거나(복통), 머리가 지끈거리거나(두통), 가슴이 답답한 증상이 나타납니다. 병원에 가서 검사를 해도 "아무 이상이 없다"는 말을 듣는다면, 그것은 아이의 몸이 마음 대신 울고 있다는 증거이다. 이때 부모가 할 일은 "배 아프니?"보다 "요즘 무슨 일 있었어?"로 시작해야 한다.

[사례] 등교 직전 배가 아픈 M양

고등학생 M양은 매일 아침 학교에 가기 직전 극심한 복통을 호소했다. 부모님은 "학교 가기 싫어서 꾀병 부리는 것 아니냐"며 다그쳤지만, M양은 실제로 식은땀을 흘리며 괴로워했다. 상담 결과, M양은 학교 내 대인관계에서 큰 불안을 느끼고 있었고, 뇌가 그 불안을 '복통'이라는 신호로 변환하여 보내고 있었던 것이다. 불안이 신체적 증상으로 나타난 신체화 증상이라고 볼 수 있다.

"성적이 1등인데 왜 자해를 할까?": 완벽주의의 함정

성적이 떨어지는 것만 위험한 것이 아니다. 성취에 지나치게 집착하거나, 성적이 잘 나오는데도 불안해한다면 더 큰 위기일 수 있다. 이를 '완벽주의적 도피(Perfectionistic Escape)'라고 한다. 심리학자 폴 휴잇(Paul Hewitt)은 사회적으로 부과된 완벽주의가 청소년을 벼랑 끝으로 내몬다고 분석했다. 실패를 곧 '존재의 소멸'로 인식하는 아이들은 1등조차 "운이 좋았다"고 치부하며 불안을 키운다. 그러므로 성적이 조금만 떨어져도 극단적인 불안을 느끼며, 이를 감추기 위해 더 가혹하게 자신을 채찍질한다. 자해는 이 불안을 '통제 가능한 고통'으로 바꾸려는 신호다.

[사례] 1등을 하고 눈물을 흘린 N군

N군은 전교 1등 성적표를 받고도 기뻐하기보다 벌벌 떨며 울었다. "다음번에도 1등을 못 하면 어떡하지?"라는 공포 때문이었다. 그날 밤 N군은 처음으로 자신의 팔목을 긋는 자해를 했다. 겉으로는 화려한 성취를 이루었지만, 내면은 실패에 대한 압도적인 공포에 잠식되어 있었던 것이다.

"부모님께 자꾸 화를 내요": 가면 우울증

아이들은 우울할 때 성인처럼 눈물을 흘리기보다 '짜증'과 '분노'를 폭발시킨다. 우울함이 분노라는 가면을 쓰고 나타난다고 해서 '가면 우울증(Masked Depression)'이라 부른다. 슬픔을 표현하면 "약해 보인다"고 느껴, 대신 화를 내서 주의를 끈다. "엄마 왜 그래?" 소리 지르는 건 "엄마 나 좀 안아줘"의 뒤틀린 표현이다. 부모 반응이 중요하다. 화에 화로 맞서면 악순환이 반복되므로 "너 오늘 힘들었구나"로 받아주면 문이 열린다.

부모님을 위한 우리 아이 '마음 일기' 체크리스트

아래 항목 중 3개 이상이 2주 넘게 지속된다면, 자녀와 함께 전문가를 찾아 대화해보는 것이 좋습니다.

- 잠: 밤에 잠을 못 자거나, 반대로 하루 종일 잠만 자나요?
- 밥: 갑자기 음식을 거부하거나, 혹은 무섭게 폭식을 하나요?
- 말: "나는 쓸모없어", "나만 없으면 다 편할거야" 같은 말을 하나요??

- 흥미: 평소 좋아하는 게임, 친구, 취미에 아예 관심을 끊었나
요?

- 성격: 부쩍 짜증이 늘고, 작은 말에도 공격적으로 반응하나
요?

- 신체: 이유없이 피곤하거나, 체중이 급변했나요?

- 행동: 혼자 있는 시간이 늘거나, 과도하게 불안한가요?

청소년의 위험 신호를 객관적으로 파악하기 위해서는 주관적인 판단보다 검증된 자가진단 도구를 활용하는 것이 효과적이다. 아래 도구들은 가정이나 학교에서 기초적으로 사용할 수 있는 공신력 있는 도구들이다.

우울 및 정서 상태 진단 도구

스스로 자신의 기분을 체크할 수 있는 설문도구이다.

- PHQ-9(우울증 선별도구): 전 세계적으로 가장 많이 쓰이는 우울증 자가진단 도구이다. 지난 2주 동안 '잠을 설쳤는지', '기운이 없었는지' 등 9가지 문항에 답하며 점수를 매긴다. 10점 이상이면 전문가의 상담이 권고된다.

- CES-D(우울척도): 일상생활에서 느끼는 우울감의 정도를 측정한다. "모든 것이 힘들게 느껴졌다", "사람들이 나를 싫어하는 것 같았다"와 같은 문항을 통해 심리적 위축 정도를

파악한다.

불안 및 스트레스 진단 도구

자녀의 예민함이나 신체 통증이 '불안'에서 기인한 것인지 확인하는 도구이다.

- GAD-7(범불안장애 척도): "걱정을 조절하기 힘들다", "안절부절 못하겠다" 등 7개 문항으로 구성되어 있으며, 청소년들이 겪는 입시나 관계 불안의 정도를 측정하는 데 유용하다.
- BEPSI-K(스트레스 척도): 한국인의 특성에 맞게 개발된 스트레스 측정 도구로, 아이가 현재 자신의 환경을 얼마나 압도적으로 느끼고 있는지 수치화해 준다.

학교 및 공공기관의 전문 진단 시스템

개별적인 자가진단 외에도 국가 차원에서 실시하는 정밀 진단 시스템이 있다.

- 학생 정서·행동특성검사: 매년 초등학교 1·4학년, 중·고등학교 1학년을 대상으로 학교에서 실시하는 전수조사이다. 검사 결과 '관심군'으로 분류되면 지역 위(Wee) 센터나 청소년상담복지센터와 연계되어 심층 상담을 받게 된다.
- 스마트폰 과의존 척도: 아이의 스마트폰 사용이 단순한 취미인지 '중독'인지 구분하기 어렵다면 스마트쉼센터에서 제

공하는 연령별 과의존 자가진단을 활용해 보자. 사용 조절 능력과 일상생활 장애 정도를 정확히 짚어준다.

맺음말

이 신호들은 아이가 "도와달라"고 외치는 비명이다. 부모가 가장 먼저 듣는 귀가 되어야 한다. 조기 발견이 90%의 예방이다. 오늘부터 아이의 '평소와 다른 점' 하나를 적어보라. 그 작은 변화가 우리 아이의 생명을 구할 수 있다.

참고문헌

Hewitt, P. L. 2017. Perfectionism: A Relational Approach to Conceptualization, Assessment, and Treatment.
보건복지부 국립정신건강센터. 2023. 부모를 위한 청소년 마음건강 체크리스트.

제6장
상담실 문턱을 넘는 용기에 대하여

상담은 아이의 왜곡된 생각을 교정하는 인지행동치료(CBT)와 신뢰 형성 과정이다. 약물치료는 뇌의 화학적 균형을 돕는 '지팡이' 역할을 한다. 부모가 아이를 통제하려 하기보다 공감하며 함께 변할 때 치료 효과는 극대화된다. 상담실은 아이가 세상에서 가장 안전하게 속마음을 털어놓는 대피소여야 한다(김진아 · 최연실, 2020).

5장에서 아이가 보내는 SOS 신호를 포착했다면, 이제는 전문가의 손을 잡고 본격적인 회복의 여정을 시작할 차례다. 많은 부모님과 청소년들이 상담실 문턱 앞에서 "가면 무슨 말을 해야 하나요?", "약물치료를 하면 머리가 나빠지지 않을까요?"라는 두려움을 갖곤 한다. 6장에서는 상담실 안에서 일어나는 실제적인 치유 과정과 치료에 대한 오해를 상세한 사례와 함께 풀어보자.

첫 만남: 진단과 라포 (Rapport) 형성

상담과 치료의 시작은 아이의 상태를 정확히 파악하는 '평가'와, 상담사와 아이 사이에 신뢰 관계를 쌓는 '라포 형성'에서 시작된다. 청소년은 어른을 불신하기 쉽기 때문에, 첫 만남에서 "여기는 안전해"라는 느낌을 주는 것이 핵심이다

초기면접(Initial Intake)시 정신건강의학과 전문의나 상담 전문가는 아이의 현재 증상뿐만 아니라 성장 과정, 가족 역동, 학교생활 등을 종합적으로 청취한다. 이때 청소년 상담의 핵심은 아이를 '문제아'로 보지 않고, 고통을 겪고 있는 '독립된 인격체'로 존중하는 것이다. 연구에 따르면, 라포 형성이 잘 된 상담에서 치료 성공률이 2배 이상 높아진다.

[사례] 입을 꾹 다문 중학생 O군

부모님께 이끌려 상담실에 온 O군은 첫 3회기 동안 한마디도 하지 않았다. 상담사는 O군에게 말을 강요하는 대신, 함께 보드게임을 하거나 아이가 좋아하는 웹툰 이야기를 슬쩍 꺼냈다. "네가 말하기 싫은 마음도 존중해. 그냥 여기 편하게 있다가 가도 돼"라는 상담사의 태도에 O군은 4회기 째 비로소 입을 열었다. "엄마 아빠는 제 성적만 관심 있지, 제가 얼마나 힘든지는 궁금해하지 않아요." 이것이 치유의 시작이었다.

부모는 첫 상담 후 아이에게 "어땠어? 재미있었어?" 대신 "편했어?"라고 물어봐야 한다. 강제 동행 말고 "함께 갈게"로 지지해야 한다.

개인 상담: 내면의 목소리에 이름 붙이기

상담실은 아이가 세상에서 가장 안전하게 자신의 부정적인 감정을 쏟아낼 수 있는 '심리적 대피소'이다.

인지행동치료(CBT)

청소년 상담에서 자주 쓰이는 인지행동치료(Cognitive Behavioral Therapy, CBT)[5]는 아이가 가진 왜곡된 생각(예: "나는 쓸모없는 존재야", "한 번 실패하면 끝이야")을 발견하고, 이를 더 건강한 생각으로 수정하도록 돕는 기법이다. 자신의 감정을 객관적으로 바라보는 '인지 재구조화' 훈련을 통해 감정의 파도에 휩쓸리지 않게 한다(미국정신의학회, 2022). 국내 연구에서도 CBT가 청소년 우울·불안에 효과가 입증되었다(조은미, 2019).

[사례] 거절이 두려운 고등학생 P양

P양은 친구들의 부탁을 거절하지 못해 늘 이용당한다는 느낌을 받았다. 상담사는 P양과 함께 '역할극(Role-play)'을 통해 정중하게 거절하는 법을 연습했다. "안 돼"라고 말해도 세상이 무너지지 않으며, 진정한 친구라면 내 거절을 존중해준다는 사실을 상담실 안에서 반복 체험하며 P양은 자존감을 회복해 나갔다.

부모는 "오늘 화난 이유 3가지 적어볼까?"와 같이 아이의 생각일지를 공유받기 보다는 그저 '격려만'함으로로써 가정에서 자녀의 CBT 연습을 도울 수 있다(김진아·최연실, 2020).

---

5) 인지행동치료는 사고(cognitive)와 행동(behavior)을 결합한 치료(therapy)라는 의미를 담고 있다.

약물치료: 뇌의 화학적 균형을 맞추는 조력자

상담만으로 해결하기 어려운 중등도 이상의 우울증이나 불안장애, ADHD의 경우 약물치료가 병행된다.

오해와 진실: "정신과 약은 독한가요?"

많은 부모님이 약물치료를 하면 아이가 멍해지거나 중독될까 봐 걱정한다. 하지만 현대 SSRI 계열 항우울제는 뇌의 세로토닌 균형을 도와주는 약으로, '지팡이' 역할이다. 초기 2주 자살 생각 증가 위험이 있어 의사 감독 하에 소량부터 시작하며, 장기적으로는 안전하다(FDA 블랙박스 경고 준수). 국내 연구에서도 상담+약물 병용 시 효과가 70% 이상으로 보고되었다.

[사례] 공황발작으로 등교가 어려웠던 Q군

교실에만 가면 숨이 막히던 Q군은 소량의 항불안제와 항우울제 처방을 받았다. 약물은 요동치던 신체 반응을 안정시켜 주었고, 그 덕분에 Q군은 다시 학교에 갈 용기를 낼 수 있었다. 약물로 신체 증상을 누르고, 상담으로 마음의 근육을 키운 덕분에 1년 뒤 Q군은 약을 안전하게 끊고 건강하게 졸업할 수 있었다.

　　Q군 부모님의 역할은 약 복용일지 함께 쓰기, 부작용(불안 증가 등)시 즉시 의사와 상담하는 것과 함께 "약 먹고 강해지는 거야"라고 격려하는 것이다.

가족 상담: 아이의 변화는 부모의 변화에서 시작된다

　　청소년은 가정이라는 환경의 영향을 크게 받기 때문에, 아이만 상담 받는 것보다 부모 교육이나 가족 상담이 병행될 때 치료 효과가 극대화된다.

가족 체계 이론(Family Systems Theory)

　　가족은 하나의 유기체와 같아서 한 구성원의 아픔은 가족 전체의 불균형을 의미한다. 부모가 아이를 '통제'하려던 태도에서 '공감'하는 태도로 바뀔 때, 아이의 증상은 호전된다. 가족중심치료 연구에서 재발률이 40% 줄었다(정수경, 2004).

[사례] 대화가 끊겼던 R양의 가족

　　R양의 부모님은 아이의 자해 흔적을 보고 충격을 받아 "죽을 거면 나가 죽어라"라는 모진 말을 내뱉었다. 가족 상담을 통해 부모님은 그 말이 사실은 '아이를 잃을까 봐 두려운 공포'

의 잘못된 표현이었음을 깨달았다. 부모님이 눈물을 흘리며 "미안하다, 네가 얼마나 힘들었는지 몰랐어"라고 사과했을 때, R양은 처음으로 부모님 품에서 엉엉 울며 마음의 빗장을 풀었다.

부모가 가족 상담 참여 시 "우리 가족 문제 인정"부터가 상담의 출발이다. 그리고 집에서는 "오늘 네 기분 어때?"라는 대화를 습관화해야 한다.

집단 상담과 또래지지: "나만 그런 게 아니구나"

비슷한 아픔을 가진 또래들과 함께하는 집단 상담은 청소년들에게 강력한 치유의 힘을 발휘한다. Wee 클래스나 지역 센터 프로그램에서 '보편성의 원리'(나만 그런 게 아님)를 체험한다.

보편성의 원리

"세상에 나만 괴물인 줄 알았는데, 저 친구도 나와 비슷한 고민을 하네?"라는 깨달음은 아이들의 고립감을 해소하고 정서적 연대감을 형성해 준다. 학교 내 위클래스(Wee Class)나 지역 정신건강복지센터의 집단 프로그램을 통해 사회성을 회복하는 과정이다.

치료과정에서 부모가 기억해야 할 골든 룰

- 조급함 버리기: 마음의 상처는 흉터가 아물기까지 3~6개월 이상 걸린다. 꾸준함이 핵심이다. "언제쯤 좋아지니?"라는 재촉은 아이를 다시 위축시킬 수 있다.
- 치료의 주체는 아이: 상담 내용을 캐묻지 말아야 한다. 상담실은 아이만의 비밀이 보장되는 공간이어야 아이가 진실해질 수 있다.
- 부모도 스스로 돌보기: 아픈 아이를 돌보는 부모의 마음도 타들어 간다. 부모가 우울하면 가족 전체로 악화될 수 있으므로 부모가 먼저 평온해야 아이를 안아줄 수 있다. 반드시, 부모 상담 병행을 권고한다.

참고문헌

김진아. 최연실. 2020. 가족치료사를 위한 CBFT 기반의 디지털 치료도구로서의 모바일 웹 개발: 탐색적 연구. *가족과 가족치료*, 28(4):471-501.
미국정신의학회. 2022. 정신질환 진단 및 통계 매뉴얼(DSM-5-TR). 학지사.
조은미. 2019. 청소년의 스마트폰 중독 예방을 위한 인지행동 집단 치료 프로그램 개발 및 적용효과. 연세대학교 대학원 작업치료학과 박사학위논문.
정수경. 2004. 약물남용 청소년의 가족중심치료 프로그램 연구에 관한 고찰. *정신건강과 사회복지*, 17:104-132.
보건복지부-국립정신건강센터. 소아청소년 정신건강 치료 가이드라인. NCMH 공식 홈페이지

제7장
다시 일어설 수 있는 마음의 근육 키우기

진정한 치유는 스스로 일어나는 회복탄력성(Resilience)을 기르는 데 있다. '지금, 여기'에 집중하는 마음챙김 기법과 규칙적인 수면, 햇볕 쬐기 등 신체 돌봄이 병행되어야 한다. 자신을 소중한 친구처럼 대하는 '자기 자비'의 태도는 평생을 살아갈 힘이 된다.

전문적인 치료가 '수술'이나 '약 처방'과 같다면, 일상에서의 자기 돌봄은 건강을 유지하기 위한 '식단'이나 '운동'과 같다. 제7장에서는 상담실 밖으로 나온 청소년들이 어떻게 스스로 마음의 근육을 키우고, 다시 넘어졌을 때 일어날 수 있는지를 다룬다. 회복은 '나선형' 과정으로 앞으로 나아가다 다시 물러서도 괜찮다. 중요한 건 포기하지 않고 다시 도전하는 힘이기 때문이다.

회복탄력성: 마음의 스프링을 다시 감기

회복탄력성이란 시련이나 고난을 딛고 다시 일어서는 마음의 탄성을 의미한다. 스트레스 시 편도체(공포)가 과활성화되지만, 회복탄력성은 전두엽(이성)을 강화해 유연성을 키운다. 심리학자 에디스 그로트버그(Edith Grotberg)는 이를 "I have, I am, I can"라는 세 가지 축으로 설명한다(Grotberg, 1995). 국내 연구에서도 이 프레임이 청소년 자살 예방에 효과적임이 확인됐다(한국청소년정책연구원, 2011).

I have (지지자원): 나를 조건 없이 믿어주는 사람(부모, 교사, 친구)이 있다는 인식

I am (내적 감정): 나는 사랑받을 가치가 있고, 나름의 장점을 가진 존재라는 자존감

I can (사회적 역량): 문제를 해결하고 감정을 조절할 수 있다는 자기 효능감

[사례] 실패를 다르게 해석하기 시작한 고등학생 S양

전교 1등을 놓친 뒤 자책하던 S양은 상담 후 '실패'를 '성장의 기회'로 재정의했다. "시험을 못 본 건 내가 무능해서가 아니라, 이번 공부법이 나랑 안 맞았을 뿐이야. 다음엔 다르게 해보면 돼."라고 생각의 회로를 바꾼 것이다. 이것이 바로 회복탄력성의 핵심인 '인지적 유연성'이다. 6개월 후 S양은 모의고사 점수를 올리며 자신감을 되찾았다.

마음챙김: '지금, 여기'에 머물기

많은 청소년은 과거의 후회와 미래에 대한 불안 속에서 마음이 쉽게 흔들릴 수 있다. 마음챙김은 이러한 자동적인 생각의 흐름에서 잠시 벗어나, 지금 이 순간의 호흡, 몸의 감각, 주변 환경에 주의를 기울이며 자신의 생각과 감정을 있는 그대로 알아차리는 훈련이다.

정서 조절의 뇌과학

불안 · 스트레스 시 편도체(amygdala)[6]가 과활성화돼 '공포 · 비상 모드'로 뇌를 장악한다. 이때 마음챙김 명상은 전두엽(prefrontal cortex)[7]과의 연결을 강화해 감정을 '관찰'하고 조절하는 힘을 키운다(Siegel, 2013). 마음챙김은 뇌의 '감정 고속도로'를 안정화해 불안을 20~30% 줄인다(김창환 · 박중규, 2019).

실천기술: 5-4-3-2-1 기법

불안이 엄습할 때 주변에서 보이는 것 5가지, 들리는 것 4가지, 만져지는 것 3가지, 냄새 2가지, 맛 1가지를 차례로 짚어본다. 이 오감 자극은 편도체 과흥분을 전두엽으로 넘겨 '생각의 고속도로'를 끊고 현실로 돌아오게 돕는다. 반복 연습 시 뇌 연결이 강화된다.

- 5가지 보는 것: 주변에 색이 선명한 물건 5개 세기. "빨간 물병, 파란 노트, 녹색 식물, 흰 벽, 검은 가방 등" 시각 집중으로 생각을 멈추게 한다.
- 4가지 만져지는 것: 손으로 만져서 4개의 물건 느끼기. "핸드

---

6) 편도체: 감정 폭발(공황, 짜증)의 원인
7) 전두엽: "이건 지나갈 감정"이라고 판단

폰 케이스(딱딱), 책(매끄러움), 옷(부드러움), 의자(차가
움) 등" 촉각으로 몸의 인식을 높인다.
- 3가지 들리는 소리: 주변 소리 3개 듣기. "시계의 똑딱 소리,
바람 소리, 내 숨소리 등" 청각으로 주의 산만함을 잡는다.
- 2가지 냄새 맡기: 주변 냄새 2개 맡기. "공기 냄새, 손에 묻은
로션 향 등" 후각을 자극한다.
- 1가지 맛 느끼기: "시원한 물맛, 껍씹기 등." 미각으로 완성
한다.

[사례] 공황발작을 이겨낸 T군

시험지만 받으면 숨이 가빠지던 T군은 '호흡 명상'을 익혔
다. "숨이 들어오고 나가는 느낌에만 30초만 집중해 봐."라는
상담사의 조언대로 연습한 결과, T군은 불안이 찾아올 때마다
자신의 호흡을 닻(anchor) 삼아 평정심을 되찾을 수 있었다.

몸이 살아야 마음이 산다: 신체 돌봄의 힘

뇌는 우리 몸의 일부이다. 몸의 균형이 깨지면 마음의 균형
도 무너진다. 생활습관 변화만으로 우울점수 20~30% 개선이
가능하다(한국청소년정책연구원, 2011).

수면의 기적

잠자는 동안 뇌의 '글림프 세포(glymphatic system)'가 활성화되어 스트레스 호르몬(코르티솔)과 감정 찌꺼기를 척수액으로 씻어낸다. 청소년은 성장호르몬 분비를 위해 매일 밤 10시~아침 6시 8시간 규칙 수면이 필수적이다. 수면 부족 시 편도체 과민이 불안을 높이고, 다음날 집중력을 40% 감소시킨다. 양질의 수면을 위해 취침 30분 전 조명을 어둡게 하고 스마트폰 화면 블루라이트 차단이 권고된다.

햇볕과 산책

햇볕을 쬐며 걷는 활동은 단순한 야외활동이 아니라, 빛이 망막을 자극해 뇌의 광반응 경로를 통해 기분 조절에 관여하는 신경전달물질 시스템에 영향을 주는 행위이다. 특히 충분한 자연광 노출은 일주기 리듬을 조절하고, 정서 안정과 수면-각성 리듬을 돕는 데 유리하며, 결과적으로 세로토닌 기능과 관련된 기분 조절에 긍정적으로 작용할 수 있다. 또한 자연 환경에서의 걷기는 우울감과 불안 감소에 효과가 있다는 체계적 문헌고찰과 메타분석 결과가 보고되어 있다. 따라서 "하루 15분 정도 밖에서 걷기"는 청소년이 실천하기 쉬운 자기 돌봄 전략으로, 기분을 안정시키고 집중력을 높이며 스트레스 부담을 줄이는 데 도움이 될 수 있다(Grassini, S. 2022).

디지털 디톡스

　디지털 디톡스는 스마트폰, SNS, 게임 등 디지털 미디어 사용을 의도적으로 줄이거나 일정 기간 중단하여, 과도한 의존과 그로 인한 불안·수면 문제를 완화하고 자기조절 능력을 회복하도록 돕는 실천 방법이다. 특히 청소년기에는 SNS를 통한 지속적인 사회적 비교와 FOMO(Fear of Missing Out, 소외 공포)가 스트레스와 불안을 높일 수 있으므로, 취침 1시간 전 스마트폰 사용을 줄이는 습관은 심리적 안정과 수면 위생 개선에 도움이 된다(한국청소년정책연구원, 2023). 우리나라에서는 청소년 미디어 이용습관 진단조사를 통해 과의존 위험군을 조기발견하고, 맞춤형 치유 서비스를 연계하고 있다.
감정 언어화: 일기 쓰기와 자기 자비

감정 언어화: 일기 쓰기와 자기 자비

　자신의 감정을 글로 써보는 일은 머릿속에 뒤엉킨 생각과 감정을 밖으로 꺼내 정리하는 과정이다. 이를 통해 감정이 조금 더 분명하게 인식되고, 스트레스나 불안으로 인해 커진 내적 긴장을 완화하는 데 도움이 될 수 있다. 일기 쓰기는 단순한 기록을 넘어, 감정을 이해하고 스스로를 진정시키는 자기조절의 한 방법이 될 수 있다.

자기 자비(Self-Compassion)

청소년은 친구에게는 따뜻하게 말하면서도 정작 자신에게는 지나치게 엄격한 경우가 많다. 이럴 때는 "내 가장 친한 친구가 지금 같은 상황이라면 나는 어떤 말을 해줄까?"라고 스스로에게 물어보는 것이 도움이 된다. 예를 들어 "괜찮아, 그럴 수 있어. 정말 애썼어."와 같은 말은 실패나 실수로 인한 자책을 줄이고, 자신을 비난하기보다 이해하고 돌보는 태도로 이어질 수 있다. 자기 자비는 자신을 특별히 봐주는 것이 아니라, 힘든 순간의 자신에게도 친구처럼 따뜻하고 현실적인 지지를 보내는 능력이다.

청소년을 위한 일상적 자기돌봄 리스트

- 감정 이름 붙이기: "지금 내 기분은 '답답함'이야"처럼 현재 느끼는 감정을 구체적으로 말로 또는 글로 표현해 보자. 감정을 이름 지어주면 혼란이 줄고, 스스로를 더 잘 이해하는 데 도움이 된다.
- 작은 성취 경험하기: 아침에 일어나 이불을 개거나 물 한 잔 마시기처럼, 아주 작은 일이라도 스스로 해낸다는 느낌을 쌓아보자. 이런 미미한 성공들이 쌓일수록 스스로에 대한

신뢰와 자기효능감이 서서히 회복된다.

- 안전기지 만들기: "여기 있으면 마음이 편해지는 곳"을 떠올려 보자. 친구의 방, 침대, 창가, 혹은 특정 음악·그림책 같은 물건도 될 수 있다. 안전기지가 생각나면 불안하거나 지칠 때 그 장소나 기억을 떠올리며 마음을 안정시킬 수 있다.

- 거절 연습하기: 무리한 부탁이나 부담스러운 상황에서 "미안하지만 지금은 어려워"라고 말해 보는 연습을 해보자. 스스로의 경계를 지키는 것은 내면의 힘을 키우는 중요한 자기돌봄이다.

- 감사일기 쓰기: 하루의 마지막에 오늘 감사했던 일 3가지를 적어보자. 큰 일이 아니어도 괜찮다. 이런 작은 감사 경험을 쌓으면 마음이 무거운 상황에서도 긍정적인 자극을 살펴보는 눈이 생긴다.

- 몸 움직이기: 하루 중 5분이라도 스트레칭을 하거나, 숨을 크게 들이마시고 내쉬는 간단한 운동을 해보자. 몸이 움직이면 정서적 피로가 일부 완화되고, 집중력과 기분이 조금 더 안정되는 데 도움이 된다.

맺음말: 회복은 선형적이지 않다

　회복은 매일매일 나아지는 직선적인 과정이 아니다. 종아졌다가도 다시 나빠지는 '나선형'의 과정을 거친다. 중요한 것은 다시 넘어졌을 때 "나는 역시 안돼"라고 포기하는 것이 아니라, "잠시 쉼표가 필요한 때구나"라고 인정하며 다시 일어설 준비를 하는 것이다. 자기돌봄은 평생 나를 데리고 살아가야 할 나 자신과의 '화해'과정이다.

참고문헌

Grotberg, E. H. 1995. A guide to promoting resilience in children: strengthening the human spirit. Bernard van Leer Foundation.

한국청소년정책연구원. 2011. 아동청소년 정신건강 증진을 위한 지원방안 연구I: 총괄보고서.

Siegel, D. J. 2013. Brainstorm: The Power and Purpose of the Teenage Brain. Tarcher Perigee.

김창환, 박중규. 2019. 청소년 대상 단기 호흡명상 훈련의 성과 – 인지적 정서조절과 공감적 관심, 자각의 개선-. *재활연구심리*, 26(2):93-108.

Grassini, S. 2022. A Systematic Review and Meta-Analysis of Nature Walk as an Intervention for Anxiety and Depression. *J Clin Med*. 21;11(6):1731.

한국청소년정책연구원. 2023. 디지털 유해환경과 청소년 위험행동 실태 조사.

Neff, K. D. 2011. Self-Compassion: The Proven Power of Being Kind to Yourself. William Morrow.

제8장
젠더라는 렌즈로 본 고통의 결

여학생은 고통을 내면화(우울, 섭식 장애)하고, 남학생은 외현화(공격성, 중독)하는 경향이 있다. 특히 성소수자(LGBTQ+) 청소년은 일반군보다 자살 생각률이 수배 높으며, 이는 정체성 자체가 아닌 사회적 차별과 혐오 때문이다. 젠더 고정관념은 아이들의 정서 표현을 억압하는 보이지 않는 쇠창살이다.

청소년 정신건강은 호르몬과 뇌 발달 같은 생물학적 요인 만으로 설명되지 않는다. 성별에 따라 기대되는 행동, 감정 표현 방식, 진로와 성취에 대한 규범, 그리고 권력의 위계가 어떻게 작동하느냐에 따라 고통의 형태와 도움을 요청하는 방식이 크게 달라진다. 이 장에서는 성별에 따라 정신건강 문제가 어떻게 내면화·외현화되고, 젠더 규범과 차별이 어떤 기제를 통해 청소년의 마음을 위기로 몰아가는지 살펴본다.

통계의 이면: 성별에 따른 정신건강 양상의 분화

국내외 연구들에 따르면, 청소년기 이후 우울과 불안, 섭식 장애, 자살 사고는 여학생에게 더 빈번하게 보고되는 반면, 행동 문제와 자살 사망은 남학생에서 상대적으로 더 자주 나타나는 일관된 패턴이 확인된다. 이러한 성별 차이는 단순히 개인의 '성격 차이'로 설명하기보다, 사회가 남성과 여성에게 허용하는 감정 표현 방식과 행동 양식의 차이, 즉 '감정의 언어'와 '행동의 레퍼토리'를 다르게 요구한다는 점에서 이해하는 것이 더 타당하다.

여학생의 내면화된 고통

질병관리청 2023년 청소년건강행태조사에 따르면, 여학생의 우울감 경험률(30.9%)은 남학생(21.4%)보다 유의미하게 높다(질병관리청, 2023). 이는 한국 청소년을 대상으로 한 연구에서 '우울감, 자살 생각, 심각한 스트레스'가 모두 여학생에게서 더 높게 보고된 결과와도 일치한다. 또한 한국과 다문화 청소년을 포함한 연구에서도, 여학생이 남학생보다 높은 우울 점수와 관계 스트레스를 보이는 경향이 지속적으로 확인된다. 여학생들은 슬픔, 불안, 자기비난, 수치심을 스스로에게 향하게 하고, 이를 '좋은 학생', '착한 딸'이라는 역할과 충돌시키며 내면화된 고통을 겪는다.

남학생의 외현화된 고통

여러 연구에서 남학생은 우울이나 불안이 "문제행동"으로 외현화될 확률이 더 높다고 보고한다. 공격성, 반항, 게임·인터넷 과몰입, 음주·흡연 같은 행동은 종종 '비행'이나 '양육 문제'로만 해석되어, 그 안에 숨은 우울과 자살 사고는 놓치기 쉽다. American Psychological Association(APA)의 남성과 소년에 대한 심리실무 가이드라인은, 전통적 남성성 규범(강해야 한다, 감정을 보이지 말아야 한다)이 남학생의 감정 인식과 도움 요청을 억압해 위험 상황에서 더 늦게 개입받게 만든다고 지적한다.

논바이너리 및 젠더 퀴어 청소년

　성별 이분법에 속하지 않는 청소년들의 정신건강 위기는 더욱 심각하다. 국가인권위원회 실태조사 및 국내 청소년정책연구원 보고서에 따르면, 성소수자 청소년의 자살 생각 경험률은 일반 청소년보다 수배 높고, 자해 및 자살 시도 경험도 현저히 높은 수준으로 나타난다(국가인권위원회, 2021; 한국청소년정책연구원, 2022). 국제 메타분석에서는 성소수자 청소년이 이성애 청소년에 비해 자살 시도 위험이 약 3~6배 높고, 특히 트랜스젠더 청소년의 위험이 가장 높다고 보고한다. 이들에게 인정과 지지가 결여된 환경은 단순한 스트레스가 아니라, 존재 자체를 위협하는 실존적 위기로 경험되기 때문이다.

자해와 자살: 시도율과 성공률의 역설

　청소년 자해와 자살에서도 성별에 따라 원인과 양상의 차이가 드러난다. 국내외 연구결과를 종합하면, 여학생은 자살 생각과 시도율이 높고, 남학생은 실제 사망률이 더 높은 '역설

적 패턴'이 반복된다

여학생: 높은 시도율과 관계적 원인

국내 자살예방백서와 여러 연구는, 여학생이 자살 생각 및 시도 경험을 남학생보다 더 많이 보고한다고 제시한다(보건복지부, 2023). 이들의 자해·자살 시도에는 관계적 배제(왕따, 절교), 성적 대상화와 성폭력, 외모 평가, 온라인 혐오 댓글 등 '관계적 외상'이 핵심 요인으로 작동한다. 국제 연구 역시 여학생이 성폭력과 신체적·정서적 학대 경험률이 더 높고, 이는 우울과 자해 행동의 강력한 위험 요인임을 보여준다. 자해는 견딜 수 없는 감정을 조절하고 살아있음을 확인하려는 '비공식적인 진정제'이자, 언어로 말할 수 없는 고통을 몸으로 새기는 행위가 되기도 한다.

남학생: 낮은 시도율, 높은 성공률과 성취 압박

여러 국가의 통계에서 남학생은 여학생보다 자살 시도는 적지만, 더 치명적인 수단을 선택해 실제 사망률은 더 높게 나타난다. 국내 자료에서도 남자 청소년·청년층의 자살사망률이 여학생보다 높게 유지되고 있으며, 이는 한국 사회의 강한 학업·취업 경쟁과 '실패를 용납하지 않는' 남성성 규범과 연결해 볼 수 있다(보건복지부, 2023). APA를 비롯한 다수 연구는 남학생이 감정 표현과 도움 요청을 '약함'으로 인식해 위기가 악화될 때까지 지원 체계에 잘 들어오지 못하는 점을 지적한다. 이로 인해 학교와 가족은 자살위험 신호를 늦게 인지하거나, 분노·일탈로만 해석해 조기 개입의 기회를 놓치게 된다.

젠더 기반 스트레스: 외모, 성 역할, 그리고 폭력

청소년의 일상은 외모 기준, 성 역할 규범, 젠더를 둘러싼 폭력으로 구성된 삼중 스트레스 구조 속에 놓여 있다. 이 요소들은 서로 섞여 작용하며 자존감과 정체성, 대인관계를 동시에 흔든다.

외모 압박과 거울 속의 전쟁

한국 청소년을 대상으로 한 연구들에서, 여학생은 남학생보다 외모 불만족과 체형 왜곡, 다이어트 행동이 훨씬 높은 수준으로 보고되며, 이는 우울과 자살 생각과 유의하게 연관되어 있다. SNS·동영상 플랫폼은 필터와 보정된 이미지를 일상화하면서, 실제 몸과 화면 속 이상적 이미지 사이의 간극을 확대해 '신체 수치심'과 비현실적인 자기비교를 강화한다. 이러한 외모 스트레스는 섭식 장애뿐 아니라 대인관계 회피, 학

교 기피, 자기비하적 사고를 촉발해 정신건강을 다차원적으
로 해친다.

성 역할 갈등과 감정 문해력의 왜곡

"남자는 울지 말아야 한다", "여자는 얌전하고 배려심 있어
야 한다"는 규범은 청소년들이 자신의 감정을 인식하고 표현
하는 '감정 문해력(emotional literacy)'을 왜곡시킨다. 남학생
은 두려움 · 슬픔 · 수치심을 분노나 냉소로 바꿔 표현하기 쉽
고, 여학생은 분노와 불만을 밖으로 표현하기보다 스스로를
탓하거나 관계를 끊는 방식으로 처리하는 경향이 강화된다.
APA의 여성 및 소녀를 위한 심리실무 가이드라인은, 소녀들
이 성 역할과 성적 대상화, 폭력에 동시에 노출될 때 우울, 불
안, 트라우마 증상이 복합적으로 상승한다고 설명한다.

젠더 기반 집단따돌림과 혐오

성별 고정관념에서 벗어난 행동 · 표현을 하는 청소년(예:
남성성을 강하게 드러내지 않는 남학생, '여자답지 않다'고 평
가되는 여학생, 젠더 비순응적 복장을 선택하는 학생)은 또래
에게 조롱과 소문, 집단따돌림의 대상이 되기 쉽다. LGBTQ+[8]

---

8) LGBTQ+ = Lesbian, Gay, Bisexual, Transgender, Queer/Questioning +
　기타 성소수자 정체성을 포괄하는 포괄적 약자

청소년 대상 메타분석에서도 학교와 또래 집단에서의 괴롭힘·폭력이 자해·자살 위험을 크게 증가시키는 핵심요인으로 확인된다. 이러한 폭력은 단지 '친구 사이의 장난'이 아니라, 성 역할 규범을 어긴 존재를 처벌하는 사회적 기제로 작동하며 피해자에게 깊은 자기혐오와 수치심을 남긴다.

성소수자 청소년: 혐오와 차별의 최전선

성소수자 청소년은 가정과 학교라는 1차 보호망에서조차 보호받지 못하는 경우가 많다. 한국 조사에서 성소수자 청소년 상당수가 가족, 학교, 종교 공동체로부터 자신의 정체성을 부정당하거나 비난·교정을 강요당한다고 보고하며, 이는 심각한 우울, 불안, 자해·자살 생각과 밀접히 연결되어 있다(국가인권위원회, 2021; 한국청소년정책연구원, 2022).

낙인, 고립, 그리고 일상의 위협

"네 정체성은 성장 과정에서 나타나는 일시적 혼란일 뿐이다", "정상적이지 않다"와 같은 메시지는 아이의 정체성을 부정하는 동시에, 도움을 요청할 수 있는 통로를 차단한다. 국내·외 연구들에서, 가족과 학교의 수용이 낮을수록 성소수자 청소년의 자살 시도 위험이 크게 증가하고, 보호적 관계(지지적 교사, 안전한 또래 그룹)가 있을 때 위험이 완화되는 것으로 나타난다. 또, 학교 화장실·탈의실 이용의 어려움, 교실·복도에서의 지속적인 혐오 발언 노출, 성소수자를 희화화하는 수업·장면은 일상을 '상시적인 위협 공간'으로 만들며 만성 스트레스와 과각성 상태를 유발한다.

[사례] 커밍아웃 후 고립된 U양

레즈비언임을 밝힌 뒤 단짝 친구들에게 절교당하고, SNS에서 "이상한 애"라는 비방을 당한 U양은 교실에 들어가는 것 자체가 두려워졌다. 점차 수업에 빠지기 시작했고, 극심한 사회공포와 자해 행동이 나타났다. 학교 측조차 "굳이 말해서 일을 키울 필요가 있었냐, 네가 조심했어야지"라고 반응했을 때, U양은 자신의 존재가 문제라는 메시지를 사회 전체로부터 동시에 받은 셈이 되었다. 이 사례는 성소수자 청소년의 정신건강 위기가 개인의 정체성 문제가 아니라, 제도와 문화가 만든 구조적 차별의 결과임을 보여준다.

맺음말: 젠더 감수성을 갖춘 정신건강 패러다임

젠더와 청소년 정신건강의 관계를 이해하는 일은 단순히 '남학생 · 여학생의 차이'를 나열하는 데서 끝나지 않는다. 누가 감정을 표현할 수 있고, 누구의 고통이 인정받지 못하는지, 어떤 정체성이 제도 속에서 위험에 더 많이 노출되는지를 묻는 작업이다.

APA 및 국제 가이드라인은 청소년 정신건강 지원에서 젠더 감수성, 성소수자 친화적 환경, 반차별 교육, 가족 · 학교를 포함한 다층적 개입의 중요성을 강조한다. 학교 기반 프로그램에서 성 역할 고정관념과 혐오 표현을 줄이고, 성소수자 청소년을 포함한 모두의 안전한 공간을 보장하는 정책과 교육이 병행될 때, 자해 · 자살 위험이 의미 있게 감소한다는 연구 결과도 축적되고 있다.

결국, 청소년의 마음을 성별로 재단하지 않으면서도, 젠더에 의해 구조적으로 만들어진 불평등을 정확히 직시하는 것, 그것이 젠더-민감한 정신건강 패러다임의 출발점이다.

참고문헌

질병관리청. 2024. 2023년 청소년건강행태조사
American Psychological Association. 2018. Guidelines for Psychological Practice with Girls and Women.
국가인권위원회. 2021. 트랜스젠더 혐오차별 실태조사
한국청소년정책연구원. 2022. 성소수자 청소년의 인권 실태와 보호 방안 연구.

질병관리청. 2024. 2023년 청소년건강행태조사
American Psychological Association. 2018. Guidelines for Psychological Practice with Girls and Women.

제9장
기족과 또래의 젠더 인식과 지지

주변 사람들은 성별이 아닌 '감정' 그 자체에 집중해야 한다. 커밍아웃한 아이에게는 "말해줘서 고맙다"는 지지가 생존의 열쇠가 된다. 학교와 가정은 모든 정체성이 존중받는 '세이프 존(Safe Zone)'이 되어야 하며, 혐오 발언에 대해 보호자가 먼저 단호하게 선을 그어주어야 한다.

8장에서 살펴본 바와 같이, 청소년의 정신건강은 젠더 고정관념과 성차별적 환경, 그리고 성소수자에 대한 혐오와 배제에 의해 크게 영향을 받는다. 청소년은 자신의 성별, 젠더 표현, 성적 지향이 '정상 범주' 안에 속하는지 주변의 반응을 통해 확인하며, 그 평가가 곧 자기 가치의 척도가 되기 쉽다. 이런 의미에서 회복과 예방의 결정적 열쇠는 가장 가까운 사람들인 가족과 또래, 그리고 이들을 둘러싼 학교·지역사회가 얼마나 젠더 감수성을 갖추고 있는가에 달려 있다. 제9장에서는 성별에 갇히지 않고 아이의 고유한 인격과 정체성을 지지하는 구체적인 방법, 특히 성소수자 청소년을 위한 보호자와 학교의 역할을 살펴본다.

가족·친구가 성별 고정관념 없이 지지하는 방법

청소년은 "나 자신이 어떤 사람인가?"를 또래와 가족의 시선을 통해 끊임없이 재구성한다. "남자답지 못하게 왜 울어?", "여자가 왜 그렇게 드세니?"와 같은 말은 특정 감정을 '성별에 맞지 않는 것'으로 규정함으로써, 아이의 정서 표현을 차단하는 심리적 폭력이 된다. 이런 메시지가 반복되면 아이는 자신이 느끼는 감정 자체를 잘못된 것으로 여기고, 우울·불안·분노를 내면화하거나 공격적 행동으로 비틀어 표현하게 된다.

'성별'이 아닌 '감정'에 집중하기

아이가 슬퍼하거나 화를 낼 때, "남자가 참아야지", "여자가 그렇게 욕하면 되니" 같은 말을 피하고, 그 감정 자체를 인정해 주는 것이 중요하다. "정말 속상했겠구나", "많이 화가 났겠네, 어떤 점이 제일 힘들었어?"처럼 감정과 이유를 함께 말해주는 반영적 공감은 정서 조절 능력과 자기 이해를 키우는 핵심 기술이다. 부모·보호자가 먼저 자신의 감정을 언어로 표현하는 모델링("오늘 나는 이런 일 때문에 걱정이 되었어")을 보여주면, 아이는 '감정은 말해도 되는 것'이라는 안전감을 학습하게 된다.

다양한 가능성 열어주기

직업, 전공, 취미, 옷차림, 장난감 선택에서 "여자애가 무슨 ○○냐", "남자가 그게 뭐냐"라는 말 대신, 아이가 흥미를 보이는 활동 그 자체의 즐거움과 재능에 초점을 맞춘다. 어린 시기에 성별과 연관된 금지·조롱을 적게 경험할수록, 아이는 자신의 재능과 관심사를 더 폭넓게 탐색하며 안정적인 자아 정체감을 형성할 가능성이 높다.

부모가 미디어(드라마, 애니메이션, 광고 등)를 함께 보며

"꼭 남자는 이렇게, 여자는 저렇게 나와야 할까?"라고 질문을 던지는 것만으로도, 아이는 성 역할을 절대적인 규범이 아니라 비판적으로 바라보는 안목을 기를 수 있다.

[사례] 요리하는 아들과 운동하는 딸을 둔 V씨

중학생 아들이 요리에 관심을 보이자 주변에서는 "남자애가 무슨 요리냐"라는 핀잔이 이어졌다. 그러나 V씨는 아들의 섬세함과 창의성을 장점으로 보고, 조리 도구를 함께 고르며 요리책을 선물했다. 반대로, 거친 운동을 즐기는 딸에게도 "여자답게 행동하라"는 대신 "너의 에너지가 정말 멋지다"고 격려하며 경기장에 함께 가주었다. 그 결과 두 아이 모두 '남자라서/여자라서'가 아닌, '나 자체로 가치 있다'는 경험을 쌓아가며 성 역할 갈등 없이 높은 자존감과 안정된 또래 관계를 형성할 수 있었다.

다양성 인정 문화 조성: 학교와 지역사회의 역할

청소년은 하루의 대부분을 학교와 학원, 온라인 커뮤니티에서 보낸다. 이 공간들에서 성평등하고 포용적인 태도가 제도적으로 뒷받침될 때, 젠더 기반 집단따돌림과 혐오 표현은 크게 줄어들고, 고통을 겪는 아이가 도움을 요청할 수 있는 "안전한 통로"가 생긴다.

성평등 및 포용적 태도 교육

단순한 생물학적 성지식 전달을 넘어, 타인의 신체 주권, 동의(consent), 관계 속 폭력과 권력, 성적·젠더적 다양성을 다루는 인권 기반 성교육이 필요하다. 수업과 학교 규칙에서 "남학생 대표/여학생 대표", "여학생은 단정한 치마 착용"처럼 성별에 따른 서열·역할 분리를 당연시하지 않고, 모두를 동등한 동료로 대우하는 언어를 사용해야 한다. 교사 연수 과정에서 젠더 감수성과 성소수자 인권 교육을 정기적으로 포함시켜, 교사 자신이 성 역할 고정관념과 편견을 인식·수정할 수 있도록 돕는 것이 중요하다.

세이프 존(Safe Zone) 구축

학교 상담실, 보건실, 학교도서관, 지역 청소년센터·도서관 등은 "모든 정체성을 가진 청소년이 차별과 조롱 없이 머물 수 있는 안전한 공간"임을 명시적으로 선언하고, 관련 포스터·표지(무지개 스티커, '혐오발언 금지' 안내 등)를 부착할 수 있다. 세이프 존에서는 성별·성적 지향·젠더 표현·장애·외모 등을 이유로 한 혐오 발언과 조롱을 명시적으로 금

지하며, 위반 시 어떤 조치가 이루어지는지 분명히 안내해야
한다.

지역사회 차원에서는 청소년 카페, 청소년 문화의 집, 청소
년 상담복지센터가 성소수자·젠더 비순응 청소년도 안심하
고 방문할 수 있는 프로그램과 교육(예: 성소수자 인권 영화 상
영, 인권 동아리, 청소년 페미니즘 모임 등)을 운영할 수 있다.

성소수자 청소년을 위한 보호자 및 학교의 역할

연구에 따르면, 성소수자(LGBTQ+) 청소년에게 가족의 지
지는 실제로 "생존 요인"에 가깝다. Ryan 등(2010)은 가족이 높
은 수준의 수용을 보여준 경우, 성소수자 청소년의 자살 시도율,
우울, 약물 사용 등이 그렇지 않은 경우보다 크게 낮다는 것을
보여주었다. 이런 결과는 이후 여러 연구에서 반복적으로 확인
되어, 국제 가이드라인에서도 "가족 수용(family acceptance)"을 핵
심 보호요인으로 제시하고 있다.

비심판적 경청과 '함께 배울 준비'

아이가 커밍아웃을 했을 때, 보호자가 느끼는 놀람이나 두
려움은 자연스러운 반응일 수 있다. 그러나 그보다 먼저 "말

해줘서 정말 고마워. 네가 나를 믿고 이야기해 줘서 기쁘다"라는 메시지를 전하는 것이 가장 중요하다. "나는 아직 잘 모르지만, 함께 공부해 보고 싶다", "너를 이해하고 지지하는 법을 배우고 싶어"와 같은 태도는, 아이에게 '내 편이 있다'는 강력한 보호감을 준다. 종교, 가치관, 사회적 편견 때문에 갈등을 느끼더라도, 그 감정을 아이에게 직접 떠넘기기보다, 상담기관·부모교육 프로그램(예: 성소수자 자녀 부모 모임, 교육자료)을 통해 따로 다루는 것이 바람직하다.

이름과 대명사 존중

아이가 원하는 이름(별칭 포함)이나 호칭, 성별 정체성에 맞는 대명사(그/그녀/그들 등)를 사용해 주는 것은 그 존재를 있는 그대로 인정한다는 매우 구체적인 메시지이다. 많은 성소수자·트랜스젠더 청소년들이, "가족이 나를 부르는 이름이 바뀌었을 때 처음으로 내가 '보이는 존재'가 된 느낌이었다"고 표현한다.

반대로, 아이가 싫어하는 옛 이름이나 정체성을 고의적으로 반복해서 사용하는 것은 정체성 자체를 부정하는 상처가 될 수 있다. 일시적으로 익숙하지 않아 실수가 나오면 즉시 인정하고 고쳐 말하는 태도가 중요하다.

학교의 보호 의무와 교사의 '앨라이(Ally)' 역할

학교는 성소수자 청소년이 혐오 표현, 사이버불링, 신체적·성적 폭력에 노출되지 않도록 명확한 규칙과 신고·지원 체계를 마련해야 한다. 학교 규정과 생활지도 지침에 성별·성적 지향·젠더 표현 등을 이유로 한 차별과 혐오 발언을 금지하고, 위반 시 절차(상담, 교육, 징계 등)를 명문화하는 것이 필요하다.

교사는 '중립'이라는 이름으로 방관자가 되기보다, 혐오 발언이 나왔을 때 "그 표현은 차별적이야, 우리 반에서는 허용되지 않아"라고 선을 긋고, 피해 학생에게 사적으로 안부를 묻고 지원 자원을 안내하는 앨라이(Ally) 역할을 수행해야 한다.

가능하다면 학교 내에 성평등 동아리, 인권 동아리, GSA(Gender & Sexuality Alliance)에 해당하는 학생 모임을 지원해, 학생들끼리 지지망을 형성할 수 있도록 돕는 것도 큰 힘이 된다.

지지자를 위한 젠더 포용적 대화 가이드

- **감정 우선:** "남자/여자가~"라는 서두 대신, "지금 어떤 기분이야?", "그 일이 너에게 어떤 느낌이 들게 했어?"처럼 감정

과 경험을 먼저 묻는다.

- **호기심 갖기:** 아이의 독특한 취향이나 표현을 "이상하다", "유별나다"고 평가하지 말고, "그게 왜 좋은지, 언제부터 좋아하게 되었는지 알려줄래?"라고 물어보며 비판 없는 호기심을 보여주자.

- **혐오에 단호하기:** 또래 집단이나 미디어에서 젠더 혐오 발언이 나올 때, 보호자가 먼저 "저건 잘못된 표현이야. 사람을 성별이나 정체성으로 비하하는 말은 쓰면 안 돼"라고 선을 그어야 한다. 자녀가 그 자리에 없다 하더라도, 이런 메시지는 '우리 가족이 어떤 가치를 중요하게 여기는지'를 분명히 알려준다.

- **자기 점검하기:** 보호자 스스로도 "나도 모르게 쓰는 말 중에 누군가에게 상처가 될 수 있는 표현이 있지 않을까?"를 돌아보고, 잘못을 인정하고 고쳐 나가는 모습을 보여주는 것이 가장 강력한 교육이다.

맺음말

청소년의 마음을 따라가다 보면, 결국 우리가 마주하게 되는 것은 한 사회가 어떤 몸과 감정, 어떤 삶의 궤적을 '정상'으로 여겨 왔는가 하는 질문이다. 이 책은 청소년기의 뇌와 호르몬 변화, 학교와 또래 관계, 젠더 규범과 성소수자 혐오, 가족과 지역사회의 역할을 살피며, 청소년의 고통이 개인의 나약함이 아니라 구조적 불평등과 침묵의 문화 속에서 형성된다는 점을 보여주고자 하였다.

청소년 정신건강을 돌보는 일은 곧 "누구의 감정을 허용하고, 누구의 고통을 지울 것인가"를 다시 결정하는 작업이다. 부모와 교사, 상담자, 지역사회가 '남자답게, 여자답게'가 아니라 '너답게' 살아갈 수 있도록 지지할 때, 청소년은 비로소 자기 삶의 주인이 될 수 있다. 이 책이 완성된 해답이라기보다, 청소년 곁에서 더 민감하게 신호를 듣고 각자의 자리에서 작은 변화를 시작하게 하는 동반자가 되기를 바란다.

참고문헌

한국청소년정책연구원. 2022. 성소수자 청소년의 인권 실태와 보호 방안 연구.
청소년성소수자지원센터 띵동. 성소수자 자녀를 둔 부모를 위한 가이드북.
여성가족부. 2023. 성평등 교육 매뉴얼: 청소년용.

제10장
국가가 답해야 할 아이들의 미래

우리 사회는 위(Wee) 클래스의 내실화(행정 분리, 전문직 위제 등)를 통해 학교 상담의 질을 높여야 한다. 또한 치료비 바우처를 확대하여 경제적 문턱을 낮추고, SNS 알고리즘 규제와 젠더 포용적 정책을 통해 구조적인 안전망을 구축해야 한다.

청소년 정신건강은 국가의 미래를 결정짓는 사회적 공공재이다. 10대 사망 원인 1위가 자살인 현실에서, 우리는 아이들이 마음 편히 숨 쉴 수 있는 구조적 안전망을 어떻게 재설계해야 할까?

학교 상담 시스템 '위(Wee) 프로젝트'의 내실화

학교는 정신건강의 최전선이지만, 현재의 위(Wee) 프로젝트는 몇 가지 구조적 취약점을 안고 있다. 이를 해결하기 위한 정책적 전환이 시급하다.

- **전문성 및 신분 안정성 강화:** 현재 많은 상담 인력이 기간제나 계약직으로 구성되어 있어 아이들과의 '상담 지속성'이 끊기는 문제가 발생한다. 전문상담교사의 정교사 배치를 확대하고 신분을 보장하여 장기적인 치유 체계를 구축해야 한다.
- **행정 업무 분리와 상담 전념권 확보:** 상담교사가 학교폭력 처리나 서류 작업에 치여 정작 아이들을 만날 시간을 뺏기지 않도록, 상담 전담 행정 인력을 배치하여 '상담실 본연의 기능'을 회복해야 한다.

- **낙인 효과 해소:** 상담 기록이 입시에 불이익을 줄 것이라는 오해를 불식시키기 위해 철저한 비밀 보장 시스템을 홍보하고, 상담실의 위치를 아이들의 동선에서 자유롭고 익명성이 보장되는 곳으로 재배치해야 한다.

지역사회 통합 정신건강 안전망 구축

학교 밖 청소년이나 은둔형 외톨이처럼 제도권 울타리를 벗어난 아이들을 위해 지자체와 복지센터의 연결고리가 강화되어야 한다.

경제적 문턱을 낮추는 '치료비 바우처' 확대

정신건강 치료는 장기적인 상담과 약물 복용이 필요하여 가계에 큰 부담이 된다. 이를 돕기 위해 국가와 지자체는 다양한 바우처를 운영하고 있다. 사각지대 없이 누구나 치료받을 수 있는 바우처 제도가 강화되어야 한다.

- **꿈드림 바우처 (학교 밖 청소년 지원):** 학교를 그만둔 청소년들이 소외되지 않도록 전국 청소년지원센터 꿈드림을 통해 심리상담 및 정밀 검사비를 지원한다.

- **아동상담 바우처 (우리아이 심리지원서비스):** 기준 중위소득 140% 이하 가구의 만 18세 이하 아동 · 청소년을 대상으로 언어 · 놀이 · 미술치료 등 맞춤형 서비스를 제공한다. 지역 읍 · 면 · 동 행정복지센터에서 신청가능하다.
- **정신건강복지센터 치료비 지원:** 각 지역 정신건강복지센터에 등록된 고위험군 청소년에게 외래 진료비와 약제비를 실비로 지원하여 치료의 연속성을 보장한다.

사각지대 발굴을 위한 현대적 전략

전통적인 학교 상담만으로는 발견하기 어려운 아이들을 위해 더 능동적인 발굴 체계가 도입되고 있다.

- **디지털 아웃리치(Digital Outreach):** 청소년들이 고민을 토로하는 주요 무대인 SNS(인스타그램, 트위터 등)에서 '자해', '우울' 등의 키워드를 분석하여 상담사가 먼저 메시지를 보내 도움을 제안하는 방식이다. 모바일 상담 어플 '다 들어줄 개' 등이 대표적이다.
- **AI 기반 조기 선별 시스템:** 학생들의 언어나 출결, 보건실 방문 횟수 등을 AI가 분석하여 위기 징후가 높은 학생을 교사에게 알리는 시스템이 시범 운영되고 있다.
- **게이트키퍼(Gatekeeper) 교육 확대:** 또래 친구들이나 학원

강사, 편의점 점주 등 아이들과 밀접한 지역사회 구성원을 '생명사랑 지킴이'로 교육하여, 일상의 변화를 가장 먼저 감지하고 전문가에게 연결하도록 한다.

- **은둔형 외톨이 실태조사 및 방문 상담:** 은둔형 청소년을 위해 직접 가정으로 찾아가는 '방문 상담 서비스'를 강화하여, 방 밖으로 나오기 힘든 아이들에게 먼저 손을 내미는 정책이 추진 중이다(보건복지부, 2023).

디지털 환경에 대한 사회적 책임과 규제
: '알고리즘의 늪'에서 아이들 구하기

디지털 환경은 이제 청소년의 삶 그 자체이지만, 수익 극대화에 치중한 플랫폼의 설계는 청소년 정신건강의 치명적인 위협이 되고 있다.

알고리즘 책임제와 디지털 안전 설계

인스타그램이나 틱톡 같은 플랫폼이 청소년에게 자해, 거식증, 극단적 선택 관련 콘텐츠를 반복 노출하는 '추천 알고리즘'을 규제해야 한다. 영국의 온라인 안전법(Online Safety Act) 사례처럼, 기업이 유해 콘텐츠 차단 의무를 다하지 않을 때 막

대한 과징금을 부과하는 법적 장치가 국내에도 시급하다.

다크 넛지(Dark Nudge) 규제와 수면권 보장

디지털 플랫폼이 사용자를 의도적으로 과도하게 붙잡는 '다크 넛지'를 규제하고, 청소년과 성인의 수면권을 보장하기 위해 다음과 같은 조치가 필요하다. 취침 시간대 무한 스크롤 기능을 제한하거나, 일정 시간 플랫폼을 사용하면 강제로 휴식을 권고하는 기능을 시스템 기본값(Default)으로 설정하도록 법적·정책적으로 강제하는 것은, '팝콘 브레인 현상[9]'과 만성적인 수면 결핍을 막기 위한 최소한의 방어선이 될 수 있다.

다크 넛지는 '사용자는 스스로 통제할 수 있다'는 가정을 무너뜨리고, 알고리즘·알림·자동 재생·무한 스크롤 등을 통해 중독적 사용을 유도한다. 따라서 정책적으로는 '기본값'이 사용자 보호를 향하도록 설계되도록 요구하고, 특히 청소년 계정은 취침 시간대에 자동으로 화면 밝기 조절, 알림 비활성화, 콘텐츠 노출 제한 등이 기본적으로 적용되도록 제도적으로 설계해야 한다. 이는 단순한 편의 기능이 아니라, 정신건강과 수면, 학습기능 유지에 대한 사회적 방어선으로 이해할 필

---

9) 팝콘브레인 현상: 뇌의 인지 능력이 스마트폰 등 디지털 기기의 빠르고 강렬한 자극에 익숙해져 현실에서의 느리고 약한 자극에 무감각해지는 현상을 뜻한다.

요가 있다.

미디어 리터러시를 넘어선 '디지털 권리 교육'

　단순히 기기 사용법이나 SNS 조작법을 가르치는 수준을 넘어, 청소년이 온라인에서 자신을 구성하는 다양한 권리(표현의 자유, 프라이버시, 데이터 보호, 디지털 평판 관리, 알고리즘에 대한 이해 등)를 인식하고 실천할 수 있도록 하는 '디지털 권리 교육'이 필요하다. 특히 SNS에 퍼지는 과도하게 가공된 이미지와 비교 문화에 비판적으로 대응하고, 온라인·오프라인의 경계에서 '디지털 자아'를 건강하게 관리하는 능력을 기르는 교육을 정규 교육 과정에 체계적으로 통합해야 한다. 이는 단순한 기술 교육이 아니라, 자기 결정권과 인간 존엄을 온라인에서도 지켜나가는 시민 교육의 핵심 영역으로 이해해야 한다.

젠더 포용적 정책과 인식 개선
: '이분법의 틀'을 깨는 안전망

　8장에서 살펴본 젠더 기반의 스트레스와 소수자 낙인을 해소하기 위해서는 정책적 차원의 인식 전환이 전제되어야 한다.

성별 특성을 고려한 맞춤형 예방 정책

여학생에게는 외모 압박과 관계적 폭력에 대응하는 '신체 긍정(Body Positivity)' 프로그램을 남학생에게는 감정을 억압하지 않고 건강하게 표현하는 '감정 문해력' 교육을 제공하는 등 성별 맞춤형 접근이 필요하다(여성가족부, 2023).

포용적 교육 가이드라인 마련

학교 내에서 성소수자 청소년이 차별 발언이나 혐오 폭력에 노출되지 않도록 구체적인 지침을 수립해야 한다. 특히 트랜스 젠더나 논바이너리 청소년을 위해 '모두를 위한 화장실' 설치나 학적부상의 성별 표기 유예 등 실질적인 편의를 고민하는 공론화가 필요하다.

차별금지법 및 인권 기반 정책 수립

국가인권위원회(2021)의 권고처럼, 성별 정체성을 이유로 치료나 상담에서 배제되지 않도록 법적 근거를 마련해야 한다. 정신건강 정책이 특정 성별에 편중되지 않고 모든 청소년의 다양성을 포괄할 때, 비로소 진정한 의미의 '보편적 복지'가 완성된다.

맺음말: '마음이 아파도 괜찮은' 사회를 향하여

진정한 변화는 "정신과에 다닌다"는 말이 "감기에 걸려 내과에 간다"는 말만큼 자연스럽게 수용될 때 시작된다. 청소년들이 자신의 취약함을 드러내는 것을 부끄러워하지 않고, 사회가 이를 기꺼이 안아줄 준비가 되었을 때 우리 아이들의 내일은 비로소 건강해질 수 있다.

참고문헌

보건복지부. 2023. 2023년 정신건강사업 안내.
보건복지부. 2023. 제2차 정신건강복지 기본계획.
여성가족부. 2023. 학교 밖 청소년 지원사업 안내서. 꿈드림 공식 홈
　　　　페이지
여성가족부. 2023. 제3차 양성평등정책 기본계획(2023~2027).
한국청소년상담복지개발원. 2020. 고위기 청소년 정신건강 상담개
　　　　입 매뉴얼 개발: 불안 · 우울
한국청소년정책연구원. 2023. 아동 · 청소년 인권 실태조사
한국청소년정책연구원. 2023. 위기청소년 교육적 선도제도 운영실
　　　　태 및 실효성 제고 방안
국가인권위원회. 2021. 트랜스젠더 혐오차별 실태조사
보건복지부, 한국생명존중희망재단. 2023. 2023 자살예방백서

학교 내 마음 건강 사수대: 위(Wee) 프로젝트 소개

위(Wee) 프로젝트는 'We(우리)+Education(교육)', 그리고 'We(우리)+Emotion(감성)'의 약자로, 위기 상황에 처한 학생들을 돕기 위해 학교, 교육지원청, 시·도 교육청이 연계하여 운영하는 다중 통합 지원 서비스이다.

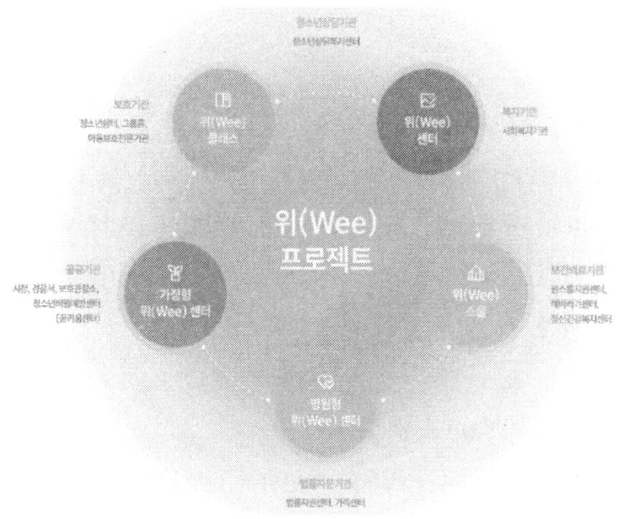

〈Wee 프로젝트 체계〉

3단계 맞춤형 지원 체계

1단계: 위(Wee) 클래스 (학교)

각 학교 내에 설치된 상담실이다. 전문상담교사가 상주하며 학생들의 고민을 들어주고, 학생 정서·행동특성검사 등을 통해 위기 징후를 조기에 발견한다. 친구 관계, 학업 스트레스 등 일상적인 고민부터 심리적 고통까지 가장 먼저 문을 두드릴 수 있는 곳이다.

2단계: 위(Wee) 센터 (교육지원청)

학교에서 해결하기 어려운 심층적인 문제를 다룬다. 임상심리사, 사회복지사 등 전문가들이 배치되어 심리검사와 전문 상담을 제공하며, 지역 내 병의원과 연계하여 치료를 돕기도 한다.

3단계: 위(Wee) 스쿨 (교육청)

장기적인 치유가 필요한 고위험군 학생들을 위한 기숙형 대안학교 형태다. 맞춤형 교육과 집중 상담 프로그램을 통해 아이들이 다시 학교와 사회로 복귀할 수 있도록 돕는다.

위(Wee) 클래스의 현실적 취약점과 개선 과제

위(Wee) 프로젝트는 전국적인 네트워크를 갖춘 훌륭한 안전망이지만, 급증하는 청소년 정신건강 위기를 감당하기에는 몇 가지 구조적 취약점을 안고 있다.

1. 상담 인력의 전문성 및 신분 불안정

- 전문성 확보의 한계: 많은 학교의 상담 인력이 기간제 교사나 계약직 상담사로 구성되어 있어, 고용 불안정성이 크다. 아이들과 쌓은 신뢰 관계가 학기 단위로 끊기는 '라포의 단절'은 치료 효과를 반감시킨다.
- 행정업무 과중: 전문상담교사가 상담에만 집중하지 못하고, 학교폭력 처리나 각종 행정 서류 작업에 치여 정작 위기 학생을 발굴하고 깊이 있게 만날 시간이 부족하다는 현장의 목소리가 높다.

2. '낙인 효과'에 대한 두려움

- 비밀 보장의 불신: 아이들은 상담실에 들어가는 것만으로도 "문제아"라는 낙인이 찍힐까 봐 두려워한다. 특히 상담 내용이 생활기록부에 기재되거나 입시에 불이익을 줄 것이라는 오해는 가장 큰 장벽이다.

- 공간적 폐쇄성: 상담실이 교무실 바로 옆에 있거나 학생들의 동선에 너무 노출되어 있어, 익명성을 보장받기 어려운 학교 구조도 개선이 시급하다.

3. 학교와 의료기관 간의 단절

- 의료 연계의 한계: 위클래스는 '상담' 중심이기에, 즉각적인 약물치료나 정밀 진단이 필요한 고위험군 학생을 병원으로 연계하는 과정이 매끄럽지 않다. 보호자가 병원 진료를 거부할 경우 학교 차원에서 강제할 권한이 없어, 아이가 방치되는 사례가 빈번하다.
- 정보 공유의 부재: 병원 치료 내용과 학교 상담 내용이 유기적으로 공유되지 않아, 학교 현장에서의 생활 지도가 겉도는 현상이 발생한다.

Wee 프로젝트 개선을 위한 제언

- 행정 전담 인력 배치: 상담교사가 오직 '상담'과 '치료 연계'에만 전념할 수 있도록 행정업무 분리가 필요하다.
- 지역 병의원과의 거버넌스 강화: 학교 내 상담과 외부 전문 치료 간 '원스톱 치료 체계'를 법제화해야 한다.

- 디지털 상담의 활성화: 대면 상담을 꺼리는 아이들을 위해
  상담전화 1388이나 카카오톡 상담 등을 학교 안전망 내로
  적극 끌어들여 접근성을 높여야 한다.

지은이 소개

정진영

한림대학교에서 연구와 강의를 하고 있다. 한림대학교에서 보건학을 전공했고 보건복지부 산하기관인 한국건강증진개발원에서 부연구위원으로 일했다. 현재는 지방자치단체 보건분야 공무원 교육과 지역사회 단위 자살예방네크워크 구축 활동에 매진하고 있다. 자살관련 논문으로는 「지역사회 거주 노인의 신체적 건강문제가 자살생각에 미치는 영향」(2017), 「특광역시와 군지역 거주 노인의 경제적 요인과 자살생각: 2009년, 2013년, 2017년 지역사회건강조사를 기반으로」(2019), 「지역사회 거주 노인의 정신건강 및 기능장애와 자살시도 관련성: 지역사회건강조사를 기반으로」(2020), 「아직도 자살하는 대한민국, 누가 왜 죽음으로 내몰리나」(2023) 등이 있다.